志勤文库

信用债违约问题研究

Research on Credit Bond Default Issues

薄澜 著

东北财经大学出版社
Dongbei University of Finance & Economics Press
大连

图书在版编目（CIP）数据

信用债违约问题研究 / 薄澜著. —大连：东北财经大学出版社，2024.12.
（志勤文库）. —ISBN 978-7-5654-5431-8

Ⅰ. F832.51

中国国家版本馆CIP数据核字第20240HR204号

东北财经大学出版社出版发行

大连市黑石礁尖山街217号　邮政编码　116025

网　　址：http://www.dufep.cn

读者信箱：dufep@dufe.edu.cn

大连图腾彩色印刷有限公司印刷

幅面尺寸：170mm×240mm　字数：226千字　印张：15.75　插页：1

2024年12月第1版　　2024年12月第1次印刷

责任编辑：蔡　丽　王　斌　　责任校对：赵　楠

封面设计：原　皓　　版式设计：原　皓

定价：79.00元

教学支持　售后服务　联系电话：（0411）84710309

前言

党的二十大报告指出，要“加强和完善现代金融监管，强化金融稳定保障体系”“守住不发生系统性风险底线”。近年来，我国经济发展面临需求收缩、供给冲击、预期转弱三重压力，各种信用事件频繁爆发，引起社会广泛关注。自2014年“11超日债”首次发生实质性信用债违约以来，违约债券数量逐年增高，违约规模亦不断扩大。此外，商业银行不良贷款比率由2014年的1.25%升至2022年的1.71%，这也凸显了我国日益严峻的债务违约形势。据《金融时报》报道，截至2023年9月，全球风险较高债务的违约率达到4.5%，高于4.1%的历史平均水平。在全球经济面临严峻挑战的背景下，国内外金融监管机构均采取了积极行动。在国际层面上，欧盟于2020年通过了《可持续金融披露条例》（SFDR），要求金融机构对投资产品披露其可持续性和社会责任信息，以维护金融市场的稳定和投资者的根本权益。中国人民银行于2023年发布了《中国金融稳定报告（2022）》，其中明确，“及时防范化解债券市场风险，稳步推动债券市场更高水平的对外开放”，“构建更加强健有效的金融安全网，牢牢守住不发生系统性金融风险的底线”。

由此可见，探究企业债务违约风险问题并积极治理债务违约风险，对于守住不发生系统性风险的底线、保障企业健康运行具有重要的理论和现实意义。

本书以信用债违约为研究主题，以中国企业为研究对象，主要采用实证分析方法，对信用债违约的影响因素与经济后果进行研究。本书共分为四个部分，各部分研究内容如下：

第一部分为研究背景与理论基础，主要包括：第一章“绪论”，介绍研究背景与意义、研究方法与内容；第二章“文献综述”，归纳总结信用债违约的宏微观影响因素、信用债违约的经济后果、信用债违约风险的度量以及文献述评；第三章“信用债违约研究的理论基础”，包括资本结构、委托代理、预算软约束与金融中介等理论；第四章“信用债违约与政府参与处置现状”进行了描述性介绍。

第二部分为政府与市场对信用债违约的影响研究。本部分主要通过实证分析方法，从政府、市场与宏观政策角度检验信用债违约的影响因素，包括：第五章“政府隐性担保和市场力量对信用债违约的影响”；第六章“贷款利率市场化对企业债务违约风险的影响”；第七章“经济政策不确定性对企业债务违约风险的影响”。

第三部分为信用债违约对企业与市场的影响研究。本部分主要通过实证分析方法，检验信用债违约对企业自身、外部利益相关者和市场产生的经济后果，包括：第八章“信用债违约对企业社会责任表现的影响”；第九章“债务违约风险对审计质量的影响”；第十章“地方国企首次债务违约对地区信用环境的影响”。

第四部分为研究结论与建议，即第十一章。本部分归纳总结全书的研究结论，提出防范企业信用债违约风险的对策建议，并指出研究局限及未来研究方向。

本书的创新之处主要体现在研究视角和分析框架上。本书基于政府、中介机构与企业之间的互动关系展开研究，将政府隐性担保、市场力量、宏观金融与经济政策、企业外部利益相关者以及区域信用环境等多重因素纳入一个系统的分析框架内，通过运用实证研究方法，深入检验了信用债违约的影响因素及经济后果。本书的研究结论不仅深化了对信用债违约形成机制的理解，还为企业债务违约风险的防范与应对提供了重要的启示和借鉴。

在本书撰写过程中，我的学生王选乔、李白、王语嫣、王姝凝和姬入源进行了资料收集、文献整理和数据处理等相关工作，为本书的完成提供了宝贵的协助工作。

本书是2021年度辽宁省社会科学规划基金项目“辽宁企业信用债违约问题及对策研究”（L21BGL024）的研究成果。本书在出版过程中得到了辽宁大学新华国际商学院的支持和东北财经大学出版社的鼎力帮助，在此一并致谢。

由于作者水平有限，书中难免有疏漏之处，恳请读者批评指正。

薄　澜

2024年11月

目录

第一章　绪论

第一节　研究背景与意义

一、研究背景

自2014年“11超日债”成为首例违约债券以来，中国债券市场刚性兑付预期不断被打破。特别是2020年以来，企业盈利能力下降，流动性压力增大，信用债违约风险上升。违约债券规模从2019年的1 200多亿元攀升到2020年、2021年的1 500多亿元。2014年至2024年8月，我国已累计报告信用债违约主体269家，涉及违约债券1 036只，违约金额合计超过6 943.29亿元（如图1-1所示）。

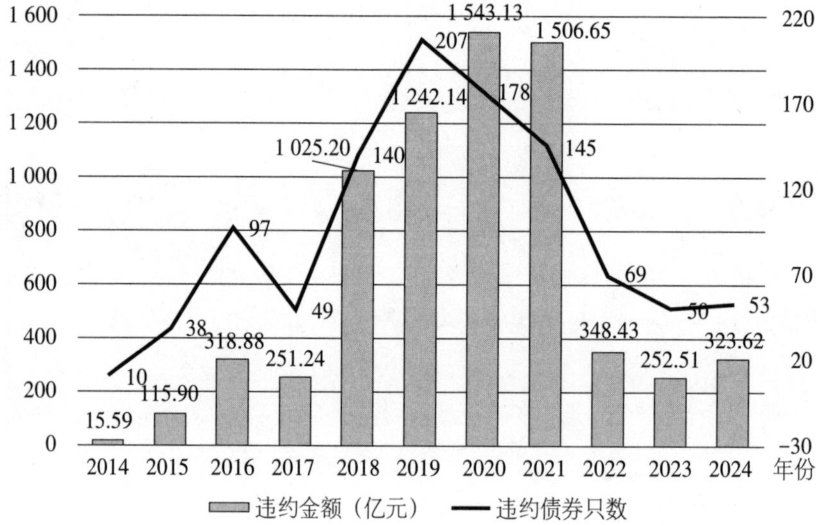

图1-1 2014年至2024年8月年债券违约历年分布情况

资料来源：企业预警通。

凭借地方政府扶持、融资渠道多等优势，我国国有企业的历史违约率一直较低。然而AAA级国企华晨集团和永煤集团的信用债违约事件对整个信用债市场造成了前所未有的冲击。两家企业的违约事件发生后，一级市场信用债被迫大规模取消或推迟发行，二级市场发债融资成本升高。债券市场在思考企业违约背后真实原因的同时，也开始质疑违约企业的“逃废债”倾向，例如，华晨集团和永煤集团在违约发生前均存在转移资产的问题。此外，发债企业信用评级偏高，也无法起到风险预警作用。

信用债违约的频发也将资本市场中介机构的问题暴露出来。永煤集团信用债违约后，包括兴业银行、光大银行和中原银行等主承销商，以及中诚信国际信用评级有限责任公司、希格玛会计师事务所等均被监管部门立案调查。交易商协会发现海通证券及其相关子公司涉嫌为永煤集团违规发行债券提供帮助，以及涉嫌操纵市场等违规行为。证监会根据永煤集团涉嫌违法违规的线索，依法对永煤集团立案调查。据证监会披露，仅2019—2021年，证监会共查处中介机构违法案件80起，涉及24

家会计师事务所、8家证券公司、7家资产评估机构、3家律师事务所、1家资信评级机构，违法案件涉及股票发行、债券发行、年报审计、资产收购、重大资产重组等重点领域。可见，中国资本市场的健康可持续发展，需要中介机构坚守职业操守，履行好资本市场“看门人”的基本责任。

企业信用债的发行、再融资乃至违约处置离不开各级政府的引导、监督与帮助。良好健康的政府-市场-企业关系能够帮助企业创造适合的外部生存环境，激发企业活力，协助企业走出经营困境，助推企业发挥自身经营优势。例如，2019年，作为北京市重点民营上市企业，东方园林发生债券违约。在违约处置过程中，北京市政府和金融机构提供了大力扶持，使东方园林成为北京“纾困基金”首批受益企业，从而摆脱债务危机。然而，畸形的政府-市场-企业关系则会助长企业的道德风险，乃至成为企业债务违约的推手。例如，东北特钢在2016年达到连续7次债务违约的情况下，由于行政部门的干预，银行在明知其偿还能力不佳的情况下仍继续为其发债。在当前违约频发的背景下，中国债券市场更需要政府部门运用改革思路和市场化法治手段来引导企业处置债务违约问题。

刚性兑付被打破是债券市场发展过程中的正常现象，从长期来看有利于释放金融体系积聚的风险，促进信用风险定价机制和债券市场制度体系的完善。提升对企业债务风险的预警能力，强化对中介机构的监管，采取有效的措施积极化解和处置信用债违约风险，从而避免风险的过度积累和传播，是当前中国经济发展面临的迫切问题。党的十九届五中全会明确提出：“坚持和完善社会主义基本经济制度，充分发挥市场在资源配置中的决定性作用，更好发挥政府作用，推动有效市场和有为政府更好结合。”在中国情境下，基于政府-市场-企业的三方关系，研究信用债违约的影响因素、经济后果及应对策略，对打造良好的政企关系、建立健康的资本市场生态和信用环境以及防范与化解重大金融风险都具有重要意义。

本书所定义的信用债为广义信用债。传统信用债通常指企业发行的、需要按照约定进行本息偿付的债券，主要包括企业债、公司债、短期融资券、中期票据、分离交易可转债、资产支持证券、次级债等品种。而广义信用债不仅包括了传统意义上的信用债品种，还涵盖了基于信用基础的各种借款和融资工具。它们的偿付能力和风险水平主要取决于发行人或借款人的信用状况和经营能力。广义信用债除了包括传统信用债外，还可能包括金融债中的信用部分、信用贷款和融资以及其他信用融资工具等。因此，本书的研究对象既包含各类债券违约，也包含广义的企业债务违约。

二、研究意义

本书具有以下理论与现实意义：

第一，从企业与政府、市场关系的视角研究信用债违约的形成与后果，既对信用债违约的已有研究进行了补充与完善，也丰富了对信用债违约风险在理论上的规律性认识。

第二，研究信用债违约的影响因素、经济后果，并找到合理应对策略，能够为防范化解重大风险、推进结构性去杠杆进程以及维护金融稳定提供科学的决策依据。

第三，研究中介机构等市场力量在信用债券发行、存续乃至违约过程中的作用，能够为制定有效的中介机构监管措施，构建高质量信用体系以及重塑我国信贷市场秩序提供经验支持。

第四，研究政府在信用债违约风险形成与违约处置中的作用，紧扣党的十九届五中全会精神，有利于进一步理顺我国的政企关系，对促进“有效市场”发挥资源配置功能、促进“有为政府”在市场低效或市场失灵领域发挥经济管理职能、优化国企改革、支持民企发展等现实问题都具有重大指导意义。

第二节 研究思路与方法

一、研究思路

本书按照提出问题—分析问题—解决问题的思路进行研究。

在提出问题部分，通过对国内外文献进行梳理以及对我国信用债违约现状、地方政府参与企业债务违约处置现状进行分析，引出本书的研究问题。

在分析问题部分，构建政府-市场-企业的分析框架，基于相关理论基础，从实证上检验信用债违约的影响因素及经济后果。

在解决问题部分，在归纳总结研究结论的基础上，提出针对信用债违约风险的应对策略。

二、研究方法

本书采用理论分析与实证分析相结合的方法进行研究。在对现有研究文献进行归纳总结的基础上，采用逻辑回归、多元回归分析、倾向得分匹配、双重差分等方法检验信用债违约的影响因素与经济后果。

第三节 研究内容

本书针对中国市场信用债违约问题展开研究，主要分为四个部分，各部分的研究内容如下：

第一部分为研究背景与理论基础，主要包括绪论、文献综述、信用债违约研究的理论基础、信用债违约与政府参与处置现状。

第二部分为政府与市场对信用债违约的影响研究，主要包括政府隐性担保与市场力量对信用债违约的影响、贷款利率市场化对企业债务违约风险的影响、经济政策不确定性对企业债务违约风险的影响。

第三部分为信用债违约对企业与市场的影响研究，主要考察信用债违约对企业社会责任表现、审计质量的影响以及地方国企首次债务违约对地区信用环境的影响。

第四部分为研究结论与建议。

第二章 文献综述

第一节 信用债违约的影响因素

关于信用债违约以及违约风险影响因素的已有研究较多，Black和Scholes（1973）、Merton（1974）最早提出信用债违约的起源是债券到期后的票面价值与公司资产的实际价值不等。信用债违约的影响因素包括宏观因素、微观因素以及宏观与微观因素的共同作用。

一、宏观因素对信用债违约的影响

从宏观经济层面来看，国内外学者发现通货膨胀、GDP、经济周期、金融政策和公共事件等均会对信用债违约风险产生影响。Giesecke等（2011）基于美国1866—2008年公司债券市场数据研究发现，股票收益、股票收益波动率和GDP增长率显著影响信用债违约概率。Brogaard等（2017）发现资本市场股票流动性的提升有助于提高股价信息效率和改善大股东治理。Nie等（2023）也提到金融科技依托信息技术改善了企业的融资环境，二者均为减缓企业债务违约倾向提供了有利条件。Acharya等（2007）从违约企业的行业特征出发，指出行业不景气会使资产价值下降，削弱行业内企业的偿债能力。程文卫（2009）通过研究通货膨胀对股票市场的影响发现，宏观经济形势越好，企业债券违约可能性就越小。戴国强和孙新宝（2011）基于Merton（1974）的结构化模型研究发现，宏观因素对公司发行债券的信用利差有着显著影响，影响因素包括GDP、M2发行量、股票市场波动率、通货膨胀率和经济周期等。郑世林等（2016）提出房地产限购政策对上市公司违约可能性具有一定程度的影响，研究发现房产限购政策可以将上市公司违约风险降低约25.5%，并且政策越严格，该地区企业出现违约事件的概率越小。罗朝阳和李雪松（2020）以我国A股非金融类上市公司债券为研究对象，从宏、微观的视角验证了金融周期和全要素生产率对债券违约的影响机制，研究结果表明在金融周期顶部区域的债券违约率明显增加。郑步高和王鹏（2021）认为近年来下行经济环境中国家出台的相关经济金融政策加大了企业资金链以及流动性压力，导致债券违约事件频现，同时企业自身经营不善也是诱发债券违约的重要原因。孙立行等（2021）研究发现紧缩的宏观货币政策和高水平的企业杠杆水平率都可能加大信用债违约可能性。政策不确定性的冲击会为企业陷入财务困境埋下隐患（Lu，Yang，and Xia，2023；Liu et al.，2023），同样黄海杰和陈运佳（2022）认为宏观外部环境中经济政策的不确定性会降低银行信贷规模、新发行债券规模以及企业融资活动产生的现金流，导致企业偿债能力减弱，进而增加其债务违约的可能性。此外，突发的公共事件如恐怖袭击、流行病危机均增大了企业发生债务违约的概率（Thakerngkiat et al.，2023；Ho et al.，2023）。

二、微观因素对信用债违约的影响

从微观层面来看，企业内部自身特定因素对债务违约的影响，可分为财务特征以及非财务特征两个层面。

在财务特征层面，早期研究主要是围绕着财务状况对债务违约风险的影响展开（Beaver，1966；Ohlson，1980；Huffman and Ward，1996）。陈迅和谢明希（2009）以钢铁行业上市公司为研究对象时发现，资产报酬率、每股净资产及留存收益率是识别企业违约风险的关键性指标。王东静等（2009）提出在一定的资产风险水平以及负债比率等情况下，短期债务比例与违约概率呈类U形关系。潘泽清（2018）选用2016—2017年中国债券市场中违约企业作为样本，研究发现销售净利率、总资产增长率、资产负债率、流动负债比率4个财务指标可以作为企业债务违约风险预警指标，其中3个财务指标的升高会导致企业违约风险的增大。张馨月和郝涛（2022）探究了企业内部投融资期限错配与信用债违约风险的关系，研究结果表明违约企业中更容易出现“短债长投”的现象。蒋敏等（2021）将债务违约类型划分为四种不同类型，分别是周转不足型、内控失效型、多重并发型和投融资失调型，从而研究了不同绩效水平对企业债券违约的影响。徐琨等（2022）提出影响企业债券违约的因素除经济环境、监管层外，还包括企业自身能力以及管理与道德因素，并验证了其中最重要的因素是企业自身的偿债能力。

在非财务特征层面，李文群（2005）提出在企业发行债券与交易市场中存在的信息不对称问题会增加债券违约的可能性。仇荣国和张建华（2010）在对深市273家中小上市公司进行研究时发现，第一股东控股集中度对企业信用债违约风险有正向影响关系，企业成长性、公司高管学历对企业信用债违约风险有负向影响关系。许浩然和荆新（2016）指出了社会关系网络与公司债务违约之间的关系，认为社会关系网络的增强可以有效降低企业发生债券违约的可能性，并且这种作用在代理成本小的公司中会显著升高。陈思阳和王明吉（2017）认为公司实际控制人变动、资金链断裂、流动性衰竭等也是近年来企业债券违约事件频发的原因。张馨月（2021）发现随着企业内部管理者能力的提高，公司违约风险被降低，并且这种影响在非国有企业中更加显著。赵玉珍等（2022）研究认为，在企业尤其是非国有企业中，大股东股权质押会通过风险承担水平的中介作用正向影响债券违约风险。此外，良好的社会责任履行（Do，2022）以及积极的绿色技术创新（Liu，Zhang，and Aziz，2023）能够为企业带来较高的资源禀赋，为缓解企业融资困境、减少债务违约风险提供了可能。从公司治理的视角出发，有研究发现大股东持股水平越高、董事会所有权越大、董事会规模越大、增派董事会成员越多，企业债务违约风险越大。相反，机构所有权越大、管理层持股水平越高、董事会独立性越强，公司发生债务违约的概率越小（Chiang，Chung，and Huang，2015；Switzer，Tu，and Wang，2018；Baghdadi，Nguyen，and Podolski，2020）。此外，少数学者也关注了CEO的作用价值，如Abinzano等（2023）发现聘请女性CEO的家族企业违约风险更低；Liu和Wu（2023）发现CEO家乡身份显著抑制了债务违约风险。

第二节　信用债违约的经济后果

已有研究发现信用债违约的经济后果主要体现在对企业决策的影响、对外部利益相关者的影响以及信用债违约的风险传染效应。

一、信用债违约对企业决策的影响

当企业发生债务违约后，债权人会通过加速、重组和终止契约的威胁，提高利率、缩短期限或减少可用资金，进而导致企业的债务融资急剧且持续减少（Roberts and Sufi，2009a）。在有关债务违约如何影响企业投融资决策的研究中，Chava和Roberts（2008）发现，由于债务违约对企业信用造成了不良影响，债权人加强了对公司决策的干预程度，使得企业通过试图更换债权人获取新融资变得尤为困难，而在融资受限的情况下，公司未来的资本性支出会大幅下降，且该影响在代理问题和信息不对称程度严重的公司中更加突出。企业的投资选择不仅包括实体投资，还包括金融投资。金龙等（2021）的研究显示，债务违约事件会导致企业投资结构偏向发生变化，即在企业发生债务违约后，实体投资显著下降，金融投资显著上升。债务违约还显著降低了企业资本结构的动态调整速度，相对于未发生债务违约的企业，发生债务违约企业的资本结构动态调整速度平均下降了10%到13%（Devos，Rahman，and Tsang，2017）。债务违约也会显著抑制企业的创新投入，且该影响在未来经营期间内持续存在，说明债务违约使管理层的经营决策更加保守，不愿将资金投入到具有高度不确定性的企业创新活动中（张玮倩、方军雄，2017）。Hsu等（2015）发现信用债违约概率对企业的创新绩效具有负向影响，违约可能性增加会减少专利组合的数量、影响力、原创性等。此外，Franz等（2013）发现，接近债务违约或发生技术性违约的公司具有更强动机进行盈余管理，且更倾向于采用真实盈余管理，而非应计盈余管理。

另有一些文献探讨了债务违约对企业人事和薪酬决策的影响。Falato和Liang（2016）发现，债务违约影响了普通员工的工作稳定性：债务违约发生后，企业出现了大幅裁员的现象，且该影响在整个行业和宏观经济不景气时更为显著；究其原因可能是由于企业处于财务困境，会通过裁员降低营运成本，缓解与债权人之间的冲突。Nini等（2012）发现，企业发生债务违约会导致CEO的变更概率显著增加、离职率急剧上升。Balsam等（2018）还发现，在债务违约事件发生一年后，CEO的薪酬规模显著下降，并且这些影响还会随着债权人影响力的增大而增强。

二、信用债违约对外部利益相关者的影响

首先，债务违约发生后，债权人会采取诸如限制公司资本投资、新

债发行、股利发放等债权保护行动，进而直接损害投资者的权益（Chava and Roberts，2008；Roberts and Sufi，2009b）。

其次，企业债务违约也会对信用评级机构的决策产生影响。黄小琳等（2017）的研究认为，评级机构出于维护市场份额和声誉的考虑，在评级失败后仍然倾向于给出高估的评级。

最后，企业债务违约还会影响审计师的决策。陈婧等（2018）发现，债务违约会影响审计收费，且该影响在债务违约曝光前已提前发生。文雯、冯晓晴和宋衍蘅（2020）的研究表明，企业债务违约会引发审计师采取风险应对措施，如增加审计投入、收取更高的审计费用、出具非标审计意见和拒绝提供审计服务；且当债务违约问题严重、企业陷入财务困境时，审计师采取风险应对措施的可能性更大。

三、信用债违约的风险传染效应

信用债违约不仅会使投资者、评级机构等直接关联方遭受损失，还可能通过信用风险的传染对其他无直接关联的市场主体形成影响。一般认为，在由企业、金融机构等关联形成的金融市场网络中，与违约事件相关的信用风险具有明显的传染特征（Allegret，Raymond，and Rharrabti，2017）。Brune和Liu（2011）研究发现被降级保险公司承保债券的信用风险具有传染效应，导致其他保险公司承保的债券溢价受到影响。这种信用风险的传染一方面经由银行间的信贷网络产生串联（Acemoglu，Ozdaglar，and Tahbaz-Salehi，2015；Allegret，Raymond，and Rharrabti，2017），以及通过上下游企业间因商业信用形成的借贷网络形成连锁反应（Kiyotaki and Moore，1997）；另一方面，也可以通过信息的外部性，例如媒体的报道、监管机构的公开问询等途径，提高市场参与者感知的信用风险（Bernet and Getzen，2008）。企业信用债作为金融市场中一种常见的融资工具，其违约事件同样向市场释放了较强的信用风险信号，并通过金融网络、媒体报道等渠道在一定的市场范围内实现信用风险的快速传染，最终对其他非违约企业的经营活动造成影响（Dinh，Kang，and Schultz，2016）。

焦健和张雪莹（2021）发现违约事件不仅在同一发行主体的债券之间具有流动性传染效应，对于行业内其他公司债券的流动性也会产生传染效应。此外，债务违约的风险传染效应不仅表现在行业间，也体现在地域间：国企债券违约显著降低了省内其他国企债券的发行评级（王叙果、沈红波、钟霖佳，2019）。宁博等（2020）的研究则进一步细化到城市之间的风险传染，发现在市场出现债务违约事件后，同一城市的非违约民营企业会进行更多向上的真实盈余管理。

信用债违约事件的发生会对行业内企业的融资成本造成一定的影响。张春强等（2019）针对债券市场的研究显示，由于企业债券违约事件提高了投资者对于信用风险的敏感性，同行业的新发债企业将不得不支付更高的发债成本，这一研究发现为验证信用债违约的信用风险传染效应及其广泛的经济影响提供了直接的证据支持。郑步高和王鹏（2021）提出违约事件的发生会提高债券发行市场以及交易市场的融资成本，使其他企业融资压力上升，并伴随着违约行业和地区的信用水平降低，影响整个金融市场的稳定性，并且AAA级企业的违约还可能引发信用评级机构的信誉危机。王茹婷等（2022）检验了债券市场打破刚性兑付对企业融资成本的影响机制，研究发现债券违约事件的发生提高了整个市场的融资成本，但这种影响在低信用企业特别是高风险的民营企业更为显著。陆宇建和马蕊（2022）提出信用债违约不仅对违约企业自身有影响，还可能对利益相关者造成生产、融资成本升高等传染效应的负面影响，或是对行业内其他竞争对手产生竞争效应的正面影响，并且违约规模越大，影响越显著。黄小琳等（2017）研究债券违约事件对涉事信用评级机构的影响时，发现信用债违约事件的发生不仅没有促使涉事评级机构收紧对企业的评级标准，反而使其进一步高估企业的信用水平，但纵观中国信用债市场，这些涉事评级机构的市场份额相较于非涉事评级机构有明显的下降。彭叠峰和程晓园（2018）在检验刚性兑付被打破是否影响公司债券的初始定价时提出，我国债券市场发生违约在总体上增强了投资者对我国债券市场中债券违约风险的感知，并且加强了产权性质和债券评级对信用利差的作用。王立夫和王一鸣（2021）研究发行债券违约的信用冲击会造成信用利差上升，同时会通过流动性效应使信用利差下降，两效应在不同性质企业中冲击影响不同。

第三节　信用债违约风险的度量

早期违约风险的识别主要采用定性分析法，如古典分析法的5W、5C等。现代信用分析方法是以模型和实证分析相结合：从较简单的Z计分模型（Altman，1968）、结构模型（Merton，1974）、简约模型（Jarrow and Tumbull，1995）到由大公司开发的违约风险量化模型，如KMV模型（Vasicek，1984）、CreditRisk+模型（CSFB，1997）等。

国内学者多数是在国外已有债券违约风险度量模型的基础上进行适用于国内债务市场的实用性分析和改进。大多数改进后的模型都表现出准确度和实用性上的提升。孙晓琳等（2010）基于Kalman滤波理论构建出财务危机的动态预警模型，研究发现Kalman滤波的动态模型在预测企业财务危机时优于静态预测模型。韦茜等（2016）选取KMV模型，利用无风险利率、总资产及增长率、股权价值及变化率、0.5的违约点作为参数，分析了KMV模型的预测能力。赵浩等（2018）引入EGARCH-M方法，估算出股权价值波动率，并改进了KMV模型中股权市值等参数，提出了更适用于我国上市公司股权结构的修正KMV模型。姚红宇和施展（2018）等使用离散时间风险模型研究了传统财务指标、公司特征和地方环境3个指标分别对于债券违约风险的影响，结果表明仅使用传统财务指标无法合理地解释我国信用债违约现状，而加入了公司特征和地方经济环境后，该模型具有更高的预测力并提高了预测的准确性。邵翠丽（2018）认为KMV模型在计算股权市场价值时，变量与我国情况不符，因此在KMV模型中加入GMM模型后得到了GKMV模型，研究结果表明GKMV模型具有较好的测算信用风险的准确性。王佳等（2019）等进一步改善了EGARCH-KMV模型计算单个资产违约概率的功能，分别采用不同形式的Copula函数对信用资产组合的违约相关性进行建模，结果表明修正后的KMV模型具有更高的预测准确性，并且Clayton–Copula函数对联合违约概率具有更好的拟合度。郭琪等（2019）等通过Fisher判别法检验了债券违约风险因子，研究发现流动资产周转率、总资产周转率、现金债务、速动比率以及总资产报酬率是判别违约风险的重要指标，在使用KMV模型对违约组和非违约组进行对比来进一步测算违约概率以及违约距离后，得到了关于地域分布、企业性质分布和行业分布的判别结果。生柳荣等（2019）提出企业债券信用违约概率受发行体的财务指标以及企业特质的显著影响，研究发现盈利能力、杠杆率和资产流动性对债券违约风险具有一定作用，同时提出分级预警机制，并进一步构建了非金融企业债券违约预警系统。蓝发钦等（2020）基于行业敏感性的视角，重新构建了中国债券违约风险的预测模型，其中的敏感因子选取了与公司规模、运营能力、盈利能力、偿债能力以及成长能力相关的财务指标，而显著性和敏感性最强的指标包括销售期间费用和经营活动产生的现金流。黄苒等（2021）等构建了基于供应链收益率的违约风险测度模型，利用该方法研究证明了供应商数量和供应商议价能力对企业违约风险的影响取决于企业对供应商的依赖程度。陈学彬等（2021）采用LSTM深度学习模型构建出中国信用债违约风险的预测模型，并通过测试验证了模型预测的准确率。丁志国等（2022）通过理论模型的推演，在分析债券违约的生成机理后，进一步得出债务违约的风险测度机制，并提出资本收益率、债务成本和资本结构决定了企业所处的债务状态和风险状况。

近年来，穆迪、标普和惠誉等国际评级机构利用大数据、区块链、云计算等信息技术对评级业务进行数字化改造，从数据、模型、结果输出与呈现方面对违约风险度量进行了不断优化。

第四节 文献述评

本章梳理了信用债违约问题的相关研究文献，围绕以下三方面进行了归纳总结：一是关于信用债违约风险的影响因素；二是关于信用债违约的经济后果；三是关于信用债违约风险的度量。国内外现有研究在研究视角、研究内容以及研究方法上对本书的研究起到了一定的借鉴和启示作用。但关于信用债违约问题的现有研究仍存在一些局限性，为本书的研究提供了进一步探索的空间。

第一，现有研究对信用债违约影响因素的探讨较为分散，无论是宏观影响因素还是中观市场因素，大多是从各自独立的视角进行分析，缺乏在政府-市场-企业互动关系下违约风险的系统研究；对各方相互作用的综合考察较少，难以全面揭示违约风险的复杂性和动态演变。

第二，虽然部分研究考察了信用债违约对评级机构的影响以及债市中的传染效应，但在企业自身的经济后果、区域传染性以及对整个市场的影响方面仍存在一定的局限性。相关研究多集中于个别维度，尚未全面分析违约事件的多层次、多角度的影响，有待进一步深入研究。

第三，当前信用债违约的研究对象主要集中于上市企业，对非上市企业的违约风险关注较少。因此，基于上市企业的数据和分析得出的结论，可能无法全面揭示中国债市的一般性规律，对非上市企业的研究有待补充和完善。

本书在后续章节中将努力克服上述研究的不足，在政府-市场-企业互动关系的研究框架下，通过实证数据与案例分析，深入探讨中国市场信用债违约问题，力求提供更加全面和深入的分析与见解。

第三章　信用债违约研究的理论基础

第一节　资本结构理论

现代资本结构理论的发展史是以MM定理的提出作为标志的，随着MM定理的假设条件不断放宽，修正的MM定理与Miller模型引入了税收的影响；静态权衡理论引入了破产成本、负债税盾和代理成本。20世纪70年代后期，随着信息不对称理论的发展，现代资本结构理论得到了迅速的发展，产生了优序融资理论等新理论。近年来，资本结构理论研究已经延伸到许多学科，并且与其他学科一起融合发展。本书对现代资本结构的主流理论进行了梳理。

一、MM理论及其修正

MM理论经历资本结构不相关理论、修正的MM理论和Miller模型3个阶段。

（一）资本结构不相关理论

1958年，Modigliani和Miller提出了在完善的资本市场中，即在不存在交易成本、投资者理性、所有公司的风险相同假设条件下提出了著名的资本结构不相关理论。该理论提出了著名的三定理（命题）：

定理一：任何企业的市场价值与其资本结构无关，而是取决于按照与其风险程度相适应的预期收益率进行资本化的预期收益水平。该定理意味着，公司的资本结构并不影响公司的价值。

定理二：股票每股收益率应等于与处于同一风险程度的纯粹权益流量相适应的资本化率，再加上与其财务风险相联系的溢价。其中，财务风险是以负债权益比率与纯粹权益流量资本化率和利率之间差价的乘积来衡量。故MM理论的结论为，在不考虑公司所得税的情况下，公司价值与资金成本并不受其资本结构的影响。

定理三：任何情况下，企业投资决策的选择点只能是纯粹权益流量资本化率，它完全不受为投资提供融资的证券类型的影响。该定理说明，内含报酬率大于综合资本成本及预期收益率是进行投资决策的基本前提。

（二）修正的MM理论

在完全竞争资本市场等严格假定下，MM的资本结构不相关理论无疑是正确的。但是，完全竞争资本市场的假定是不现实的，现实中存在企业法人所得税和各种交易成本，因此，尽管MM定理在理论上是正确的，但在现实中是不成立的。

Modigliani和Miller（1963）认为在完美市场中加入公司所得税之后，公司的负债变高，利息费用随之增加。由于利息费用可以节税，故公司的价值反而会随着举债融资的提高而增加。此理论亦有两大重要定理（命题）：

定理一：举债公司的价值等于相同风险等级下无负债公司的价值，加上负债的节税利益。税盾利益会随着负债的增加而增加，故当公司的资本结构接近百分之百举债时，会使公司价值达到最大。

定理二：有负债公司的权益成本等于无负债公司的权益成本，加上一笔风险溢酬，风险溢酬的多少视融资程度与公司所得税率而定。故公司举债越多，其加权平均资金成本越低，而公司价值越大。

（三）Miller模型

修正后的MM理论虽然考虑了公司所得税的税盾利益，却忽略了个人所得税的影响。于是Miller（1977）对MM理论进行了再次修正，同时考虑公司所得税及个人所得税对资本结构及公司价值的影响，提出米勒模型（Miller Model）。此模型对于资本结构与公司价值的关系基本上和MM理论的论点相同，即举债公司的价值等于无债公司的价值再加上负债的节税收益。

MM理论标志着现代财务理论的诞生，使公司财务理论发生了革命性的变化。在分析方法上，MM理论首次将新古典经济学的分析方法和分析技术应用到企业金融研究领域，奠定了现代金融经济学的基础。MM理论以前的早期资本结构研究基本上只是通过对事实的简单描述来对涉及资本结构的某些问题提出一些独立的没有内在联系的理论观点，而以MM理论为中心内容的传统资本结构理论运用新古典经济学的一般市场均衡理论，全面系统地分析和论证了企业的投资、融资和股利政策等金融方面的行为选择对企业价值可能带来的影响。以MM理论为中心的资本结构理论和以哈里·马可威茨（Harry Markowitz）的资产组合理论为中心的资本资产定价理论，构成了现代金融经济学的理论基础，使金融经济学成为经济学的一个分支；同时，它反过来又影响了现代经济学的发展。

二、静态权衡理论

静态权衡理论（Static Trade-off Theory）的基本思想为：企业的最优资本结构要在负债的税收收益与破产成本现值之间进行平衡。静态权衡理论的模型基本引自MM理论的修正模型，其认为现实市场是不完整和不完美的，而税收制度和破产成本就是市场不完全与不完美的重要体现。

企业的破产成本，有直接成本和间接成本。破产的直接成本是破产所导致的现金流出。这些成本包括破产的法律成本和管理成本，以及推迟付出现金流量的现值效应。Warner（1977）研究了11家破产铁路公司是否产生显著的破产成本（研究中仅考量直接破产成本），数据显示，在破产前7年直接破产成本仅占公司市值的1%，但到了破产前，直接破产成本占公司市值的5.3%。

企业破产的间接成本，实际上远大于因承担债务而增加拖欠风险的成本，它产生于破产成本之前，主要是公司被察觉陷入财务困境而产生的后果。首先是公司的部分客户察觉到公司陷入财务困境，这时客户会害怕公司停止经营而不再购买公司的产品或服务；其次是供应商开始提出严格的供货条件以免遭拖欠的可能，这会导致公司营运资金的增加和现金流量的减少；最后是公司为新的项目筹集资金时会遇到困难——债权人和股权投资者都不愿意承担这种风险，导致了资本结构的限制和无法承接好的项目。

Altman（1984）研究了19家在1970—1978年破产公司的间接破产成本，他用两种方法去推估破产企业的间接破产成本。第一种方法采用比较时间数列所预估的盈余和实际盈余之差，发现企业破产前3年的平均间接破产成本占公司市值的8.1%；但到了破产前，平均间接破产成本占公司市值达到10.5%。第二种方法用分析师预估的盈余和实际盈余之差，发现企业破产前平均间接破产成本占公司市值的17.5%。

静态权衡理论的代表人物包括Robichek、Myers、Kraus、Rubinstein和Scott等人。

Robichek和Myers（1966）指出，因为税收的原因利息可以从企业收益中扣减，所以财务杠杆有助于给现有投资者增加企业的价值；另一方面，如果破产是有成本的，带给现有投资者的企业价值会减少，因此，预计在没有负债或负债较少时，企业市场价值与财务杠杆成一种递增函数关系，但一旦财务杠杆持续扩展下去，企业价值便减少。

Kraus和Litzenberge（1973）运用状态选择模型进一步证明了Robicheck和Myers的观点。他们在“企业只发行两种证券：一种为债券；另一种为股票”的假设下，推导出负债融资时企业总市场价值的表达式，即通过负债融资的企业，它们的总市场价值等于没有负债融资企业的总市场价值加上所有状态下负债融资的税收利益减去破产成本现值。他们指出，企业资本结构的最优化问题包括在负债税收利益和破产成本之间的权衡。

Bradley等（1984）对静态权衡理论模型进行了实证研究，他们从COMPUSTAT（1962—1981年）数据库里选择了25个行业、851个企业，重点分析了最优资本结构的3个变量——企业价值、非负债税收利益、破产成本——之间的关系，得出的结论是：第一，企业广告及研究开发费用与企业财务杠杆呈显著的负相关关系；第二，企业的财务杠杆和非负债利益在数量上存在一种直接的、显著的强正相关关系。这在很大程度上证实了静态权衡理论。

从方法论上讲，静态权衡理论引入了均衡的概念，使企业资本结构具有了最优解的可能性，从而为现代企业资本结构理论的研究提供了新的思路。此外，静态权衡理论放松了MM定理中关于无破产成本与企业投资决策和融资决策独立的假设，深入地讨论了引入破产成本后，股东、债权人之间相互关系的变化，及其对企业市场价值的影响。

三、优序融资理论

在研究企业资本结构和融资方式变化所传递的信息对企业股票价值以及企业的投资融资决策影响方面，Myers（1984）、Myers和Majluf（1984）作出了开拓性贡献，他们根据信号传递的原理提出了优序融资理论。

优序融资理论的主要结论是：

第一，公司偏好于内部融资。

第二，股息具有黏性，所以公司会避免股息的突然变化，一般不用减少股息来为资本支出融资。公司净现金流的变化一般体现了外部融资的变化。

第三，如果需要外部融资，公司将首先发行无风险的债券，其次是可转换债券，最后是股票，也就是说，先债务后权益。

第四，每个公司的债务率反映了公司对外部融资的累积需求。

在优序融资理论之前，普遍认为公众公司偏好内部融资而较少进行权益融资有两方面原因：一是公司所有权和控制权的分离；二是公司管理者希望避开资本市场的约束。而Myers和Majluf（1984）对此提出了不同的解释：如果公司管理者比投资人更加了解公司的内部信息，且投资人是理性的，以市值最大化为目标的管理者会避免进行外部股权融资。优序融资理论也解释了为什么大多数外部融资来自债务，还解释了为什么越是盈利的公司越有较低的负债率——并不是因为这些公司有较低的目标负债率，而是因为这类公司有更多的内部资金可用于投资，即有更好的内部融资条件，而盈利能力差的公司需要外部融资，所以会有较高的累计债务。

Krasker（1986）在允许公司选择投资项目及相应的融资规模条件下，假设企业可以选择投资项目，结果发现股票发行规模越大，原股东向新股东的价值转移越多，原股东的情况就越糟，支持了Myers和Majluf的观点。

Brealey和Myers（1988）研究观察美国非金融业公司在1973—1982年的融资行为，实证研究发现公司使用内部自有资金融资的比例占资本支出的62%，而对外融资的部分，发行新股占资本支出的比例在6%以下，由此显示，企业融资时符合优序融资理论。

Kholdy和Souhrabian（2001）以向量修正误差模型分析了1980—1996年间美国大、中、小型企业融资顺位理论及自由现金流量假说等指导下的投资及融资关系的财务行为，并以固定资产的支出作为投资的衡量变量，以税前净利加上折旧作为现金流量的衡量变量，以短期负债和长期负债之和（即总负债）作为衡量负债的变量展开研究。其研究结果证实，为了避免外部融资的增量成本，公司管理人无法发现公司资产和投资机会真正的投资价值，从而会放弃一些有利的投资。故企业融资顺序为内部自有资金、发行债务证券、发行权益证券，符合优序融资理论。

第二节　委托代理理论

委托代理理论首先由Jensen和Meckling（1976）提出，该理论可以用来解释委托人与其相关代理人之间的契约关系。从最基本的意义上说，委托人严重依赖代理人来执行特定的决策，而这些决策对代理人而言很可能产生不同的结果。委托代理关系产生的本质是企业资本所有权和控制权的分离。委托代理理论的中心任务是，设计出最优契约以激励代理人，减少委托人和代理人之间的信息不对称问题，促使代理人从自身利益出发作出对委托人最有利的行为。

对上述问题进行研究而形成的委托代理理论基本上是由两类模型组成的：一类是道德风险（Moral Hazard）模型（理论），另一类是“逆向选择”（Adverse Selection）模型（理论）。道德风险模型是研究事后非对称信息博弈的模型，逆向选择模型则是研究事前非对称信息博弈的模型。在道德风险模型中，委托人在签订合同时已经了解代理人的类型，但签订合同后不能观察到代理人的行动，所以其核心问题是合理设计委托人采取的行动。从某种意义上说，道德风险模型更多的是要解决如何使代理人不偷懒的问题。道德风险模型的代表包括Malcomson（1984）、Rosen（1986）以及Bernheim和Whinston（1986）。在逆向选择模型中，委托人在签订合同时不了解代理人的类型，所以其核心问题是选择什么样的合同以获得代理人的私人信息。从某种意义说，逆向选择模型更多的是要解决如何使代理人说真话的问题。逆向选择模型的代表包括

Akerlof（1970）的“旧车市场模型”、Rothschild和Stiglitz（1976）的“保险市场模型”、Stiglitz和Weiss（1981）的“信贷市场模型”等。

Jensen和Meckling（1976）指出，与企业融资有关的委托代理关系主要表现为两类：一类是因股票融资而引起的股东和企业经理之间的委托代理关系；另一类是由负债融资而引起的股东与债权人之间的委托代理关系。当这两方面的代理关系存在时，就会出现两类利益冲突。

第一类冲突是股东与经理人之间的冲突。股东与经理人之间的冲突是由于企业所有权和控制权的分离。根据自利行为原则，经理人的目标不同于股东财富最大化的目标，经理人看重薪金、权力和地位，而这些与公司的规模都是正相关的，因此经理人会偏好企业的高速和大规模发展。企业规模的扩大会提供给经理人更稳固的就业保证和更高的报酬。在经理人所持绝对股份不变时，引入负债可以降低企业对外部股权资金的需要，间接提高管理层的持股比例，使管理层与股东的目标函数趋于一致，从而缓和股东与管理层之间的冲突。

Jensen（1986）提出，股东和经理人的利益冲突还表现在支出政策上，这种冲突是由自由现金流量引起的，股东希望用现金支付股利或回购，经理人根据自己的利益把现金投资于低回报的项目或个人消费，这会给经理人以未来的现金使用控制权，从而使股东利益受损，股东要对经理人实行监督需要发生成本，这就构成了自由现金流量的代理成本。债务有利于降低自由现金流量的代理成本，债务引起的本金和利息的支出限制了经理人对现金的控制权，但并不能因此任意提高债务水平，随着债务水平的提高，债务本身的代理成本在提高。另外，举债引起更多的现金流出，增加了破产的可能，增大了经理人的努力程度从而降低了监督成本。

第二类冲突是债权人和股东之间的冲突。债权人和股东之间存在冲突，关键是因为负债具有风险。股东对公司负有限责任，股东可选择违约，即不按公司承诺的全部金额向债权人支付，股东具有投资高收益、高风险项目的动机，特别是当企业负债比例较高时，这种动机非常强烈。这是因为，项目成功时股东可以获取大部分利益，如果失败，则由债权人承担大部分成本。因此，股东具有以低风险为保证来发行所谓的

"低风险"债务，然后去从事高风险投资的倾向，借此实现财富从债权人向股东的转移。这种效应被称作"资产替代效应"。然而，由于理性的债权人将预见到股东的资产替代行为，为保护自己利益不受股东的侵犯，就会在事前要求补偿，比如提高债务的定价、发行可赎回债券或可转换债券等。

Myers（1977）最早对股东与债权人之间"投资不足"问题进行了分析，他认为企业在决定对其拥有的项目是否进行投资时，企业债务的余额、现有负债的期限构成以及新增负债额都是非常重要的影响因素，主要表现在两个方面：一方面是当企业拥有较多待偿负债而又缺乏偿还资金时，企业可能会因此导致融资能力降低，从而不得不放弃收益较高的投资项目；另一方面是当企业拥有净现值为正的投资项目，但该净现值小于或等于企业现有待偿负债或即将借入的负债余额时，尽管对债权人而言，这种投资机会有利，应该投入资金来实施该项目，但从股东的角度来看，由于股东实施项目所获得的投资收益将全部归债权人所有，股东得不到任何收益，因此股东不愿意投资该项目。以上两个方面就称为股东与债权人之间的"投资不足"冲突。

企业引入负债可以降低股权代理成本，但同时债务的引入会产生债权代理成本。那么，在使用债务资金时，企业必须在综合考虑两种代理成本的基础上作出权衡取舍。企业代理成本分为两个部分：股权代理成本，它随着外部权益值的增大而增大；债权代理成本，它与外部权益值呈反向变动关系，即债权代理成本随着负债数量的减少而增大，随着负债数量的增加而减少。企业最优资本结构应该是在给定内部资金水平下，能够使总代理成本最小的权益和负债比例。

Grossman 和 Hart（1982）、Harris 和 Raviv（1990）、Stulz（1990）、Diamond（1989）以及 Hirshleifer 和 Thakor（1992）等进一步发展了代理理论。

Grossman 和 Hart（1982）建立了一个正式的代理模型（简称 GH 模型，又称担保模型）。在 GH 模型中，债务是一种担保机制，它能使经理人多努力工作，减少个人享乐，从而降低所有权与控制权分离所形成的股权代理成本。GH 模型认为：经理人的效用依赖其职位，从而依赖企业的生存。原因在于一旦企业破产，经理人将丧失他们所享有的一切任职好处，即经理人必须承担破产成本。因此，经理人必须权衡个人收益增量与自身承担的破产成本。然而，破产对经理人约束的有效性取决于企业的融资结构，尤其是负债权益比，这是因为企业破产概率与这一比率正相关。如果项目投资完全通过股权融资，其破产概率就为0，经理人就可能挥霍无度：如果项目投资完全依赖负债融资，则任何非利润最大化的选择都可能导致企业破产。因此，负债融资具有一种缓和股东和经理人之间冲突的激励作用。在GH模型中，负债融资可能对经理人有利，原因在于如果经理人完全依赖股权融资，企业就没有破产风险，这意味着经理人处于软约束状态，即经理人缺乏追逐利润最大化的积极性。其结果是市场对企业的评价较低，企业融资成本较高。相反，如果经理人进行负债融资，就会向股东传递这样一种信号：一旦经理人放弃利润最大化目标，其自身利益就要受到损害（因为企业破产将使经理人丧失所有的任职好处）。基于上述理由，市场将负债看作企业利润增加的信号，负债将使企业市场价值提高。因此，企业的市场价值和它的借贷比例是正相关的，经理人具有进行负债融资的积极性。

Harris和Raviv（1990）的债务缓和模型（简称HR模型）认为，经理人与投资者（股东及债权人）的利益冲突源于对经营决策的分歧。其分歧表现在：即使在清算对股东更为有利的情况下，经理人仍会希望企业继续运营。经理人与投资者之间的这种利益冲突不可能通过现金流量和投资费用契约来消除。负债赋予债权人在现金流量不足时强迫企业停业清算的权力，从而缓和经理人与投资者之间的利益冲突。较高的负债水平使企业违约的概率提高，从而有利于作出清算决策。然而，债权人行使控制权需要对企业前景进行调查，这会导致相应的信息成本。企业拖欠款项的频率越高，相关信息成本也就越大。最优资本结构就是权衡完善清算决策与信息成本的结果。依据HR模型，企业清算价值越高或破产调查信息成本越低，其负债水平可能越高，市场价值也随之提高：反之，企业清算价值越低或破产调查信息成本越高，其负债水平也就越低，市场价值也随之降低。

Diamond（1989）、Hirshleifer和Thakor（1992）分别提出了各自的声誉模型，借以揭示声誉在缓和经理人与债权人之间利益冲突的作用。

在Diamond看来，举债融资带来的资产替代效应因经理人顾及其声誉而得以缓解。Diamond的声誉模型假设有两个可能的投资项目：一是安全项目，即净现值（NPV）为正的项目；二是风险项目，即NPV为负的项目。两个项目所需投资相同，且均通过负债筹集资金。一方面，风险项目有两种可能结果：成功或者失败。成功将使其具有较高的盈利能力，进而具有如期偿债能力；反之，失败将使经理人声誉受到损失。另一方面，安全项目总是能确保企业如期偿还债务。现有三类企业：第一类企业只投资于安全项目；第二类企业只投资于风险项目；第三类企业则既可能投资于风险项目也可能投资于安全项目。由于债权人事前无法区分这些企业的类型，债务融资的市场利率反映了债权人对被选项目风险的平均预期。然而，一旦企业向债权人证明自己只投资于安全项目，它就可以以较低的利率进行负债融资。由于债权人只能观测到企业偿债的历史纪录，企业有可能通过按时偿债建立只投资于安全项目的良好声誉。企业按期偿债的历史越长、声誉越好，其债务融资成本也就越低。因此，历史悠久的企业将发现选择安全项目是最优的，即为了避免声誉价值损失不应进行以过度投资为目的的资产替代。与具有悠久历史的企业不同，缺乏声誉的新企业可能选择风险项目。如果他们很侥幸没有违约而得以继续生存并发展，最终将转向安全项目。由Diamond的声誉模型不难得出结论：在其他情况相同的条件下，年轻的新公司相对于历史悠久的老公司而言较难进行负债融资。

在Hirshleifer和Thakor的声誉模型中，出于自身声誉考虑，经理人也具有追求相对安全项目的动机。该模型假设经理人面临两个项目，每个项目只有成功与失败两种可能结果。对于两个项目而言，失败具有相同的意义。但在股东看来，高风险高回报项目不仅具有较高的预期收益，而且项目一旦成功也将有较高的实际回报。同时，假设每个项目的成功对于经理人声誉而言具有相同的意义，即经理人市场只区别成功与失败，也就是说经理人声誉只依赖其经营项目的成败，而不考虑其盈利或亏损的数额。在上述假设的基础上，经理人以最大化成功的可能性为目标，股东则偏好于较高的预期收入。在安全项目成功可能性更大的情况下，即使选择风险项目更有利于股东，经理人也有选择前者的积极性。经理人这种行为方式有助于减少负债融资的代理成本。这样，相对于其他企业而言，其经理人属于声誉效应敏感型的企业应当有更高的负债水平。在Hirshleifer和Thakor看来，接管市场上目标企业的经理人对声誉效应更敏感：相反，已采取反接管措施的企业的经理人对声誉效应不敏感。因此，前者倾向于负债融资，后者则倾向于股权融资。

综上所述，委托代理理论认为委托代理关系普遍存在于现代经济的各种组织中，并在现代企业进行股权融资与债权融资的决策中起到至关重要的作用。

第三节　预算软约束理论

政府隐形担保的理论基础是“预算软约束”（Kornai，1986），即计划经济时期的政府对国有企业的“父爱主义”——一旦国有企业因经营不善或受经济环境的影响而出现亏损时，政府会以各种形式进行“弥补”或“救助”。实证研究发现预算软约束现象在所有政治体中普遍存在（Lin and Tan，1999，Maskin and Xu，2001）。次贷危机过后，欧洲金融体系中的政府隐性担保大幅增加（Zhao，2018）。“刺激政策”驱动的信贷扩张使中国的国有企业享有政府隐性担保优势（Cong et al.，2019）。由于政府承担着发展经济的责任，隐性担保的减少会导致投资下滑（Zhang and Wang，2020）。为保持经济稳定发展，政府对国有企业债券进行兜底，赵丹和徐承龙（2020）测算发现政府对国企债和央企债的隐性担保概率分别为20.82%和32.29%。

预算软约束概念最早由Kornai（1986）提出，主要是指政府对经济组织，比如国有企业、民营企业、非营利组织和普通家庭等表现的“父爱主义”相关。预算软约束有两个重要的属性是：第一，预算软约束指的是决策者的行为特征：第二，预算软约束是一种事前变量，是基于当前实际支出对未来财务状况的预期.

预算约束的软化出现在当支出与收益的关系被放松时，超出收益的费用将由其他外部机构进行赔付，典型的就是政府，并且决策者预期有很高的概率能获得外部援助资金的帮助。Kornai（1986）指出预算约束的软化有不同的方法和方式：

第一，国家或地方政府给予经济组织以补贴。如果补贴可通过协商和游说，或可根据过去、现在或未来的成本超支情况进行调整，那么补贴就是软补贴。

第二，软化所得税。如果税收规则是可以协商的，受制于讨价还价的政治压力，即使税率很高，所得税也会被软化。比如，税率不是统一的，而是根据不同部门或不同地区或不同所有制的财务状况量身定做的；纳税没有被严格执行，存在漏洞或存在特别豁免等。

第三，信贷约束软化。信贷约束软化并不是指借款利率的大小。即使信贷市场产生的利率较低，如果借债企业严格执行信用合同，信用约束也会被硬化。债权人向债务人提供融资资金，是希望它能遵守债务约束，严格执行信用合同，按期偿付本息。如果不能履行偿付义务，债务人将受到严厉的制裁，包括破产、强制合并等类似的法律手段。相反，即使借款利率很高，如果负债企业不履行信用合同，推迟或拒绝债务偿还，那么信贷约束也会被软化。软信贷约束常被政府和金融机构用于帮助那些长期陷入巨大财务困境、没有真正偿还债务希望的企业。

第四，行政价格的软化。行政价格硬化是指价格一旦被设定，就会限制支出，并不根据成本增加而自动进行调整。当行政价格不是由买卖双方自由合同来确定，而是由某些政府机构根据某种许可的“成本增加”原则来设定，这时行政价格即被软化。

上述四种软化预算约束的方式并不是相互排斥的，各种方式可以同时或先后被应用。

结合信用债问题，预算约束的硬化与软化对发债企业行为的影响具有一定的复杂性。如果政府与金融机构对发债企业预算约束过于硬化，当企业自身努力经营仍无法扭转连续亏损的状况时，政府对企业实施的预算硬约束很有可能对社会经济发展造成严重不良后果。然而，预算约束过于软化也会带来许多负面作用。预算软约束可能会增加发债企业的寻租动机，导致市场无法实现最佳的资源配置效率。例如，当企业对政府预算软化有了一定的预期时，企业的投入产出组合可能不再根据价格信号进行调整。企业没有足够强大的动力来最大限度地提升自身能力和业绩水平。企业领导的注意力也可能从日常生产经活动转移到政府机构办公室，以期在遇到财务困境时游说政府从而获得资金帮助。

第四节　金融中介理论

金融中介理论研究了金融中介机构如何在资本市场中发挥关键作用，以促进资金的有效配置和经济的稳定发展。金融中介包括银行、投资公司、保险公司、证券承销商和会计师事务所等。这些机构在解决信息不对称、降低交易成本、提供流动性、分散风险和信用创造等方面发挥着重要作用。以下内容将扼要介绍金融中介的功能，并涵盖经典学者的理论和模型。

金融中介的核心功能之一是解决信息不对称。信息不对称指的是交易双方掌握的信息不对等，这种不对称在金融市场中尤为突出。Akerlof（1970）的“柠檬市场理论”揭示了信息不对称如何导致市场失灵。在信息不对称的情况下，优质产品可能被排挤出市场，而劣质产品占据主导地位。金融中介通过专门的信息收集和评估，减少了借贷双方之间的信息不对称。例如，银行通过对借款人进行详细的信用评估，能够有效识别借款人的信用风险，从而降低了逆向选择和道德风险的发生。

交易成本的降低是金融中介的另一重要功能。Coase（1937）和Williamson（1981）的交易成本理论强调，市场中的交易成本对经济活动有着显著影响。金融中介机构通过规模经济和专业化服务降低了交易成本。银行能够通过大量处理借贷交易来分摊固定成本，从而降低每笔交易的成本。同时，金融中介机构也减少了借贷者直接寻找借款人的时间和成本，降低了搜寻成本和谈判成本。

金融中介的风险分散功能同样至关重要。Markowitz（1952）在其现代投资组合理论中指出，通过将投资分散到多个不相关的资产中，可以降低投资组合的整体风险。金融中介机构，如投资基金和保险公司，通过汇集资金并投资于多元化的资产组合，帮助投资者分散风险。这种风险分散不仅有助于个人财富的稳定增长，也对整个金融系统的稳定性起到了保护作用。银行通过贷款组合分散了单一借款人违约的风险，从而降低了整体贷款风险。

流动性提供是金融中介的另一项重要功能。Diamond（1984）和Dybvig（1983）在其模型中展示了银行如何通过短期存款和长期贷款之间的期限转化，提供流动性。储户希望在需要时能够随时提取存款，而借款人则倾向于获得长期融资。银行通过将短期存款转化为长期贷款，满足了不同经济主体的需求。然而，这也使得银行面临流动性风险，如果大量储户同时要求提款，银行可能无法满足需求，从而引发金融危机。

信用创造功能是金融中介在经济中扮演的重要角色。货币供给的变化对经济活动有着直接影响。Friedman和Schwartz（1963）在《美国货币史》中探讨了货币供给与经济周期之间的关系。银行通过贷款和存款的乘数效应，能够创造新的货币供给，从而对经济增长产生影响。银行通过向借款人提供贷款，增加了市场上的货币供给，这种扩张性货币政策对经济扩张起到了推动作用，但也可能在经济过热时加剧通货膨胀风险。

经典经济学模型如Arrow-Debreu模型提供了金融中介理论的理论基础。Kenneth Arrow和Gérard Debreu在1950年提出的Arrow-Debreu一般均衡模型，展示了在完全市场条件下，金融中介如何通过为不确定性提供保险和市场交易功能，帮助资源的有效配置。虽然该模型假设了一个理论上的完美市场，但它为理解金融市场中介作用的基本原理提供了基础。

金融中介理论还面临着许多挑战，尤其是在金融创新和监管方面。金融科技的兴起，如区块链等，正在改变传统金融中介的角色和功能。新兴技术能够提升金融服务的效率和透明度，但也带来了新的风险和监管挑战。如何在创新与监管之间找到平衡，是未来金融中介理论的重要研究方向。

综上所述，金融中介理论揭示了金融中介在解决信息不对称、降低交易成本、提供流动性、分散风险和信用创造方面的关键作用。经典学者的研究为理解金融中介机构的功能提供了深刻的理论基础。

第四章　信用债违约与政府参与处置现状

第一节　国内债券市场信用债违约现状

我国资本市场的债券种类丰富，目前已形成包括金融债、企业债、公司债、中期票据、短期融资券、定向工具、国际机构债、政府支持机构债、资产支持证券、可转债、项目收益票据和可交换债等十余种债券品种，跨越银行间、上交所和深交所等多个交易市场，因此违约信用债也涉及多个债券类型，不同性质的企业、行业与市场。

一、违约债券交易市场分布

从违约债券的交易市场分布来看（见表4-1），2014年至2024年8月，银行间交易市场累计违约债券达到348只，违约金额达约3 172.28

亿元人民币；上海证券交易所和深圳证券交易所违约债券分别为306只与156只，两个交易所违约金额总和超过3 500亿元；近年来，柜台交易业务在中国证券市场上得到了快速发展。

表4-1　**2014年至2024年8月违约债券交易市场分布情况**

流通市场	违约只数	违约金额（亿元）
银行间	348	3 172.27
上交所	306	2 344.60
深交所	156	1 177.59
银、交、柜	10	116.64
银、柜	11	102.92
银、交	6	20.17
其他	28	9.10
合计	865	6 943.29

资料来源：企业预警通。

从交易市场违约债券的违约金额占比情况（如图4-1所示）来看，银行间交易市场违约金额占总违约金额的45.69%；上海证券交易所和深圳证券交易所违约金额占比分别为33.77%和16.96%，因此96.82%的债券违约发生在银行间与两个交易所市场。

二、违约债券类型分布

从违约债券的类型分布（见表4-2）来看，2014年至2024年8月，违约债券类型包括私募债券、一般公司债券、中期票据、短期融资债券、一般企业债券等十余种。其中，公司债券（包括私募债券和一般公司债券）在我国债券市场交易中违约只数与违约金额最大。公司债券中的私募债券共有320只违约，违约金额达2 170.46亿元。一般公司债券

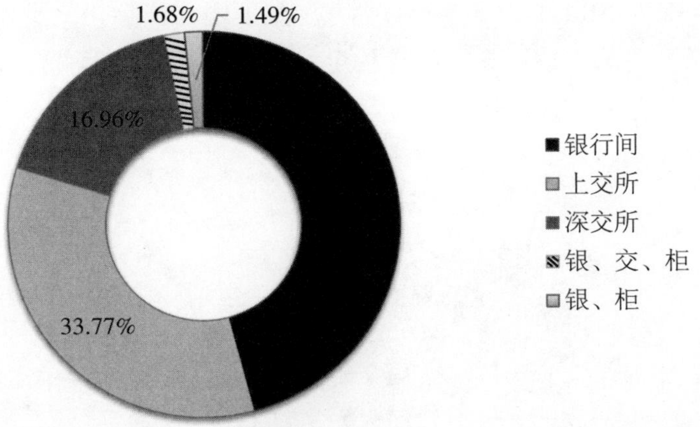

图4-1　2014年至2024年8月各交易市场违约债券的违约金额占比

资料来源：企业预警通。

违约数量为210只，中期票据违约数量为154只，两种类型债券的违约金额都超过1 700亿元。另外，短期融资债券和一般企业债券按违约金额依次位居第四、第五位，违约金额分别为755.01亿元、168.96亿元。

表4-2　**2014年至2024年8月违约债券类型分布情况**

债券类型	违约只数	违约金额（亿元）
私募债券	320	2 170.46
一般公司债券	210	1 907.90
中期票据	154	1 711.23
短期融资债券	93	755.01
一般企业债券	20	168.96
可交换债券	19	129.74
资产支持票据	13	39.44
资产支持证券	20	38.70
可转换债券	5	12.88
集合票据	8	7.76
集合债券	3	1.21
合计	865	6 943.29

资料来源：企业预警通。

图4-2为2014年至2024年8月9种类型违约债券违约金额占比情况。私募债券和一般公司债券违约金额分别占总违约金额的31.26%和27.48%，中期票据违约金额占比为24.65%。

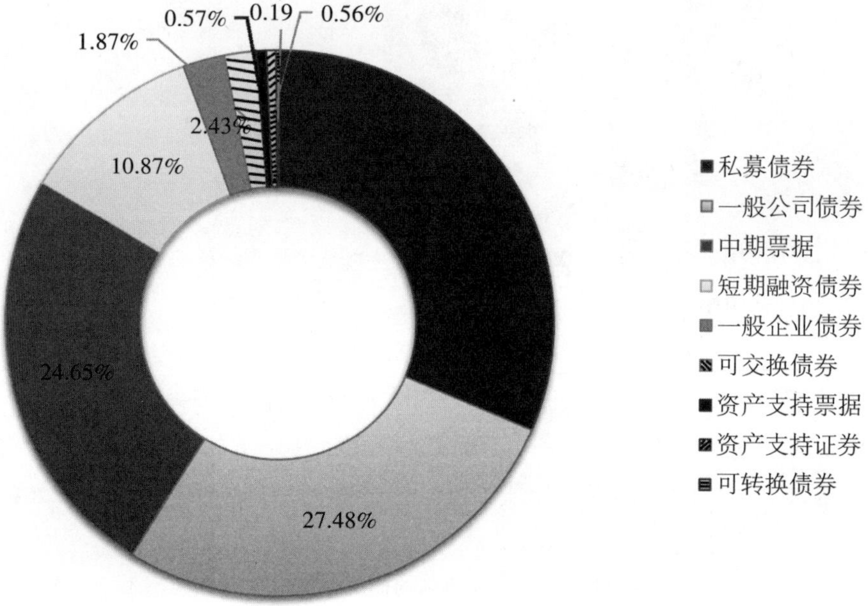

图4-2　2014年至2024年8月9种类型违约债券违约金额占比情况

资料来源：企业预警通。

三、违约债券评级分布

从债券评级类型的分布情况（见表4-3）来看，2014年至2024年8月，根据不同债券评级分布情况看，无评级的累计288只违约债券，违约金额共计1 979.43亿元，占总违约金额的28.51%。AA级及以上债券违约533只，总金额累计4 656.97亿元，占总违约金额的67.07%。信用评级为AA-级及以下的债券违约只数共44只，违约债权金额约306.89亿元。

表4-3　2014年至2024年8月违约债券评级分布情况

债券评级	违约只数	违约金额（亿元）
无评级	288	1 979.43
AA+	174	1 756.02
AA	131	1 465.02
AAA	228	1 435.93
A-1	37	279.00
AA-	7	27.89
合计	865	6 943.29

资料来源：企业预警通。

图4-3为2014年至2024年8月各评级违约债券的违约金额占比情况。我国信用债券市场接连多次发生信用等级AAA以上发行人违约事件，对债券市场信用环境造成了一定程度的冲击。

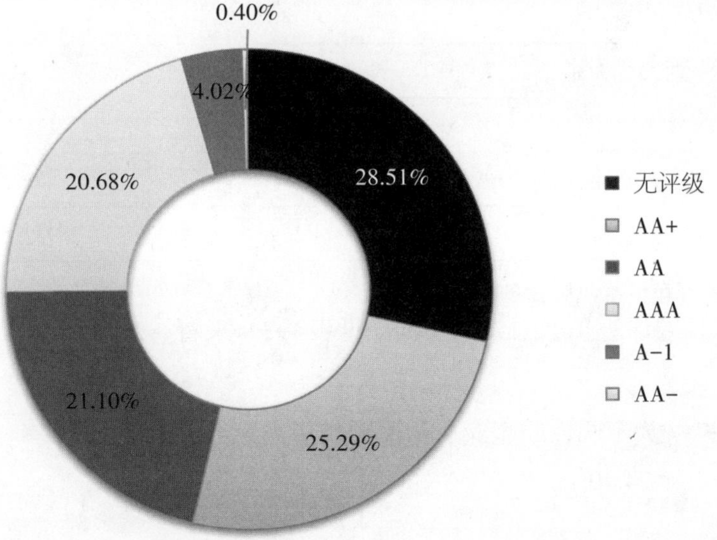

图4-3　2014年至2024年8月各评级违约债券的违约金额占比情况

资料来源：企业预警通。

四、违约债券企业性质分布

2014年至2024年8月违约债券企业性质分布情况见表4-4。从违约规模看，信用债违约主体以民营企业为主。债券违约的民营企业累计202家，违约金额约5 165.98亿元。其他违约债券涉及中央企业、地方国有企业、中外合资企业以及外资企业。就不同企业类型而言，我国民营企业面临企业规模、市场竞争以及疫情状态下经济下行等各方面因素影响，难以与国有企业竞争。除极少数民营企业发展成为行业巨头外，对于一般性民营企业的未来发展应引起重视。自2020年以来，信用违约事件逐步从中小规模民营企业向国有企业扩散，国有企业违约数量与规模逐步增加。

表4-4　　2014年至2024年8月违约债券企业性质分布情况

企业性质	违约家数	违约金额（亿元）
民营企业	202	5 165.98
中央企业	30	947.42
地方国有企业	16	575.04
中外合资企业	14	175.71
外资企业	7	79.13
合计	269	6 943.29

注：存在尾差调整。

资料来源：企业预警通。

图4-4为不同性质企业违约债券的违约金额占比情况。民营企业违约金额占比74.40%，排在第一位。

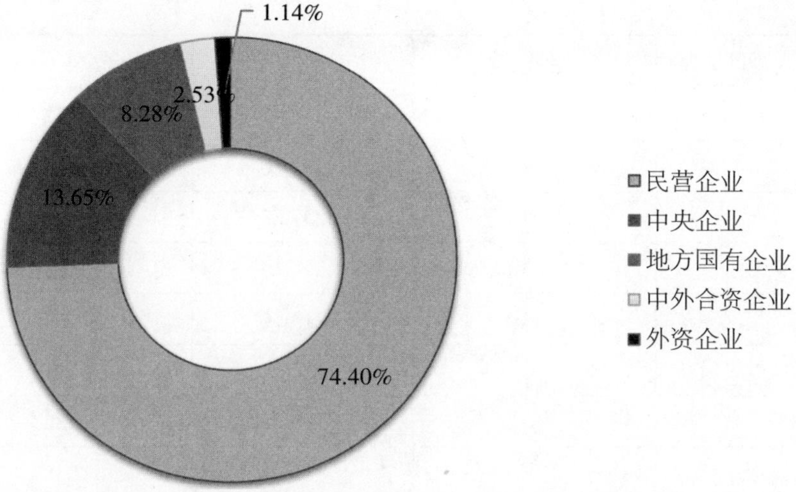

图4-4　2014年至2024年8月不同性质企业违约债券的违约金额占比情况

资料来源：企业预警通。

五、违约债券地区分布

2014年至2024年8月我国信用债违约债券地区分布情况见表4-5。经济发达地区和欠发达地区均有信用违约情况出现。

表4-5　**2014年至2024年8月我国信用债违约债券地区分布情况**

地区	违约家数	违约金额（亿元）	违约金额占比（%）
北京	32	1 392.88	20.06
上海	14	606.02	8.73
河北	9	577.01	8.31
广东	26	531.06	7.65
辽宁	12	430.83	6.20
福建	15	405.26	5.84
山东	23	390.05	5.62
海南	5	307.51	4.43

续表

地区	违约家数	违约金额（亿元）	违约金额占比（%）
浙江	12	299.75	4.32
江苏	19	242.26	3.49
天津	8	237.68	3.42
山西	3	214.15	3.08
四川	14	213.16	3.07
重庆	6	212.97	3.07
安徽	10	196.39	2.83
湖北	8	165.38	2.38
河南	9	108.20	1.56
青海	3	85.12	1.23
内蒙古	7	58.68	0.85
吉林	5	57.87	0.83
广西	4	42.01	0.61
黑龙江	4	37.99	0.55
宁夏	3	27.08	0.39
西藏	1	24.86	0.36
云南	2	18.95	0.27
甘肃	4	18.46	0.27
新疆	3	15.47	0.22
湖南	2	12.63	0.18
陕西	3	8.11	0.12
境外	2	5.50	0.08
贵州	1	0.00	0.00
合计	269	6 943.30	100.00

注："境外"是指注册地在中国境外、在中国境内经营的企业；存在尾差调整。

资料来源：企业预警通。

按违约金额占比排序，北京市累计32家企业发行债券存在违约，其总金额达到1 392.88亿元，占全国全部信用债违约金额总数的20.06%，远远超出其他各省（自治区、直辖市）的债券违约金额。上海市、河北省、广东省发生企业债券违约金额均超过500亿元。

从我国债券违约的地域整体性分布而言，大部分债券违约区域仍分布于华北、东北及沿海较发达地区。华东地区违约发行企业数量及违约规模较大，其原因主要是该地区中小民营企业数量较多，所属行业多为建筑、贸易以及中小型制造业，行业自身抗风险能力相对较差，同时也更容易受到环境因素对经济冲击的影响。

值得注意的是，辽宁省作为东北三省中大型企业较多的省份，虽经济发展较其他省（自治区、直辖市）略有落后，但其违约金额排名第五，为430.83亿元，违约金额占比6.20%，超出了福建和山东等经济发达地区。从东北特钢集团以及华晨汽车集团的违约事件中可以看出，辽宁地区经济下行压力较大，企业面临较大的外部挑战，使其信用风险持续上升。

六、违约债券行业分布

在违约债券数量和规模持续增加的同时，违约主体也更加多元化。2014年至2024年8月，从行业分布来看，违约主体的行业覆盖度很高(见表4-6)。我国债券违约累计涉及包括综合行业在内的29个行业。从违约家数来看，房地产、商贸零售、综合、建筑装饰、有色金属、基础化工、机械设备、纺织服饰等行业，违约企业数量均超过10家，违约主体行业集中度较高。按违约规模看，房地产行业和商贸零售行业是违约事件的高发行业。一方面是由于上述两个行业的企业数量较多，另一方面则由于过度多元化的企业更容易违约，这也是债券违约人在企业经营特征上的规律。房地产行业企业累计违约金额为1 503.9亿元，占总违约金额的21.66%；商贸零售行业累计违约金额超过731亿元。另外，石油石化、电子和煤炭行业违约规模排名靠前但涉及的违约企业较少，可以看出其违约主体主要呈现体量较大、债券规模较大的特点。机械设备及纺织服饰等行业由于中小型民营企业较多，因此具有违约主体较多但违约规模相对较小的特点。

表4-6 **2014年至2024年8月信用债违约的行业分布情况**

行业	违约家数	违约金额（亿元）	违约金额占比（%）
房地产	35	1 503.90	21.66
商贸零售	20	731.93	10.54
综合	18	565.00	8.14
建筑装饰	16	493.22	7.10
交通运输	9	432.50	6.23
石油石化	5	362.97	5.23
电子	6	327.45	4.72
煤炭	6	292.73	4.22
医药生物	7	290.04	4.18
汽车	9	275.28	3.96
有色金属	14	258.35	3.72
基础化工	15	219.89	3.17
机械设备	18	169.50	2.44
公用事业	6	113.86	1.64
计算机	6	105.52	1.52
农林牧渔	9	104.33	1.50
纺织服饰	12	98.80	1.42
钢铁	5	96.04	1.38
食品饮料	7	79.35	1.14
非银金融	7	77.95	1.12
建筑材料	4	71.92	1.04
电力设备	8	68.76	0.99

续表

行业	违约家数	违约金额（亿元）	违约金额占比（%）
环保	8	67.25	0.97
通信	6	54.56	0.79
轻工制造	4	31.15	0.45
传媒	4	22.61	0.33
国防军工	2	16.98	0.24
社会服务	2	10.83	0.16
家用电器	1	0.64	0.01
合计	269	6 943.29	100.00

注：存在尾差调整。

资料来源：企业预警通。

七、违约债券偿付现状

（一）信用债违约偿付周期分析

截至2024年8月，违约债券累计已偿付111只，涉及违约金额累计375.23亿元。从违约债券偿还周期（见表4–7）来看，多数企业违约后的偿付周期在1年之内。其中，违约后1个月内偿付的债券有54只，数量最多，接近总偿付违约债券数量的一半，偿付金额累计109.94亿元；违约后1~3个月偿付的债券共有7只，偿付金额累计24.95亿元；违约后3~6个月偿付的债券有17只，偿付金额累计29.78亿元。虽然违约后3~6个月偿付的债券数量相较其他偿付周期较多，但偿付规模较小，说明企业在违约后3~6月能够筹集的资金有限。违约后6个月以上偿付的债券，偿付规模逐渐变大：违约后6~12个月偿付的债券有10只，偿付金额为54.52亿元；违约后1~3年内偿付的债券有16只，偿付金额为

73.73亿元。另外，违约后3年以上偿付的债券有7只，但偿付规模较大。

表4-7 **2014年至2024年8月违约债券偿付周期分布情况**

偿付周期	偿付只数	偿付金额（亿元）
小于1个月	54	109.94
1~3个月	7	24.95
3~6个月	17	29.78
6~12个月	10	54.52
1~3年	16	73.73
3年以上	7	82.32
合计	111	375.24

注：存在尾差调整。

资料来源：企业预警通。

图4-5为违约债券偿付金额的偿付周期分布占比，可见我国债券违约后的偿付周期分布情况趋于两极分化。偿付金额占比最大的两种情况分别是：在1个月内完成偿付的占比29.3%，超过3年完成偿付的占比21.94%。由此可以看出，违约债券的偿付周期主要与其违约原因有关，如果债券违约是由于资金链断裂或技术性问题而导致的，之后公司可以通过债务延期、外部融资等方式快速筹集资金，在较短时间内进行偿付；如果债券违约是由于公司经营、股权等方面导致的问题，那么公司在违约后大多进入债务重组等方式，偿付周期则较长。

（二）信用债违约偿付方式分析

债券违约事件发生后，发行人会根据违约金额、经营情况及公司财务状况等多重因素选择适合本公司的偿付方式。目前，我国债券市场的违约债务偿付方式可分为自主协商和司法途径两种类别，其中司法途径包括仲裁、违约求偿诉讼和破产诉讼，破产诉讼又包括破产重整、破产清算和破产和解3种方式；自主协商主要包括自筹资金、债务重组、第三方代偿。另外还可以通过担保求偿和质押品处置的方式进行偿还。

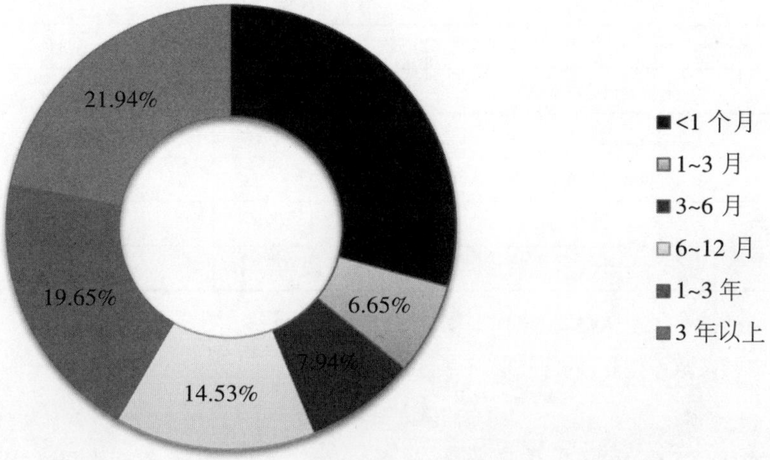

图4-5　2014年至2024年8月各偿付周期违约债券偿还金额占比

资料来源：企业预警通。

2014年至2024年8月违约债券偿付方式分布情况见表4-8。从偿还金额的角度来看，我国违约债券的偿付方式主要以自筹资金、债务重组及破产重整为主。其中，自筹资金方式回收金额最多，约为193.53亿元。常见自筹资金的来源包括自有流动资金、自有资产转让变现或抵押资产贷款等。从偿还只数来看，在112只已偿还违约债券中，有61只债券采用的是自筹资金方式，数量最多；采用担保求偿和债务重组（改债务条件）方式的债券只数分列二三位，二者分别为17只和11只。

表4-8　2014年至2024年8月违约债券偿付方式分布情况

偿还方式	偿还只数	偿还金额（亿元）
自筹资金	61	193.53
债务重组（改债务条件）	11	92.43
破产重整	7	32.65
债务重组（非现抵债）	3	23.74
担保求偿	17	12.54
债务重组（引入投资者）	3	6.31
第三方代偿	2	5.30
求偿诉讼	3	3.39
质押品处置	2	0.86
其他	3	4.49
合计	112	375.24

注：存在尾差调整。

资料来源：企业预警通。

2014年至2024年8月违约债券各偿还方式偿还金额占比如图4-6所示。

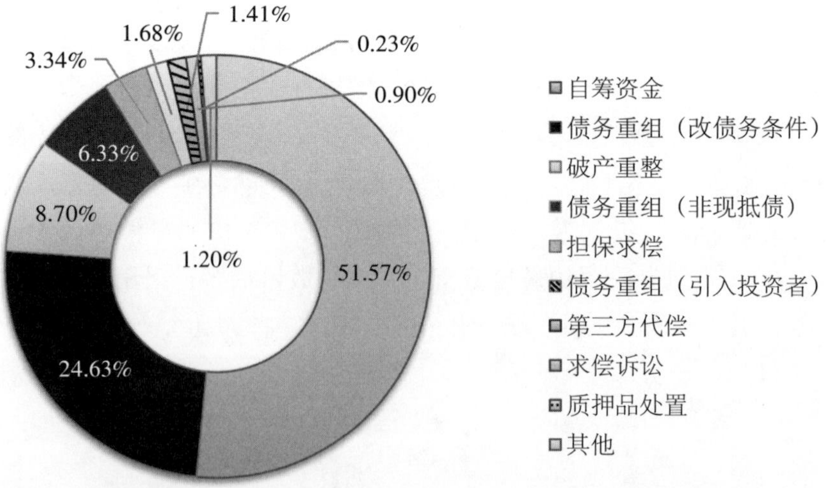

图4-6　2014年至2024年8月违约债券各偿还方式偿还金额占比

第二节 政府参与企业债务违约处置现状

针对债务违约的企业，我国各级政府通过引导金融行业、协调债权人与企业的关系、成立纾困基金等方式，帮助企业缓释债务违约风险、化解债务危机。

一、地方政府参与债务违约处置的常见举措

（一）协助建立债务重组各方的有效沟通平台

面对大型企业的债务危机，政府最常见的举措就是第一时间与债务企业进行沟通，了解企业的负债情况，并与债务重组的相关各方进行沟通，协助成立债权人委员会。债权人委员会通常由债务企业的债权人自发组建，但当政府有意向协助债务企业进行债务重组时，政府将率先联系各方债权人，由政府牵头进行债权人委员会的成立和主席任命，并及时举行临时债权人会议。这种情况多数发生在区域大型企业突发性违约之后，例如辉山乳业因高管突然离职而银行贷款逾期，资金链突然断裂，由沈阳市政府出面组织成立了债权人委员会。2018 年三胞集团出现债务危机，由省政府、市政府在内的各级政府部门协助组建了金融债权人委员会。

当债务企业下属子公司分布于多个省（自治区、直辖市）时，各省（自治区、直辖市）政府之间也能够进行沟通协商。典型事例为东银控股的债务重组。在东银控股的债务重组中，针对东银控股旗下的智慧农业公司，重庆市政府与智慧农业所在地江苏省盐城市政府直接进行磋商，最后决定由两地政府共同化解债务危机。

（二）协同法院与管理人成立专项负责小组

债务重组通常由债务企业本身或法院及管理人进行主导，但在债务重组的过程中，战略投资人或者破产重整企业的管理人往往需要深入了解公司的银行存款、动产与不动产、工商档案、项目批准手续、人事变动、缴纳保险和税务情况等信息，而这些信息的获取离不开政府各个部门的许可和支持。

一方面，如果因未能获得政府准许而导致了解范围受限、获得信息不全，那么战略投资人就不敢轻易决策，资产管理人也难以履职。在债务重组的问题上，时间成本的增加是致命的，债务重组迟迟不能推进，企业将面临退市、破产重整和清算等结局，造成债务人与债权人两败俱伤的局面，更加不利于当地经济社会的稳定与营商环境的改善。针对虽然身陷债务危机，但经济价值高、品牌知名度高、有挽救价值的当地企业，为了压缩债务重组过程中发生的制度成本和时间成本，政府通常会积极行动，对破产企业进行分类出清或拯救。

另一方面，企业的债务重组中通常涉及大量影响当地经济社会稳定的事务，例如税务征收、土地及不动产的转让、高管团队更替、对当地经济发展的利弊等。政府需要对这些因素加以权衡，并判断债务重组各方的诉求是否合理，针对各方利益冲突的关键点，如债权人和战略投资人对于清偿率的分歧，及时进行协调、沟通与纠正。

针对此种情况，政府通常会由各级部门派出人才，组织成立负责该债务重组的专项工作小组，协助法院及管理人进行破产重整工作。例如，在天翔环境的债务重组过程中，省市两级政府联合成立“脱困领导小组”。除了独立的专项工作小组，政府也可能与法院及管理人联合组建破产重整工作组，直接进行组内沟通，进一步节约时间成本。再如，在金贵银业的破产重整过程中，郴州市委市政府与市中院、市委政法委、市委金融办等共同成立“921”司法重整协调推进组，每周召开工作例会，大大提高了行政效率。

（三）保障企业在债务重组期间的正常经营活动

面临债务重组的企业往往信用等级大幅下降，传达给外界公司难以为继的信号，而该信号将严重影响公司的正常经营活动。

第一，主营业务大幅减少。市场有着趋利避害的本性，面对存在严重资金周转问题的企业，上下游的供应商、经销商通常会考虑放弃合作关系。随着公司业务减少，营收也相应减少，为公司带来更大的资金压力。

第二，面对公司现状，高级管理人才与技术人才通常会选择离职，造成公司核心管理团队和技术团队流失，越是具有创新性、独特性的业务模式，人才缺失的后果越难以弥补。企业能够稳定经营，意味着企业具备自主生产经营、财产管理的能力和日后发展的潜力，而这些能力正是债务重组中维持债权价值，吸引战略投资人所必需的。

另外，在破产重整后，省市级政府领导也会针对复工复产情况进行实地调研。为了使企业重返市场，政府通常会督促银行及时调整企业信贷分类，由市场监管部门或税务等部门进行协商，将债务人企业移出经营异常名录，减免其涉税处罚。

在稳定企业经营的过程中，比较关键的问题是职工劳动关系的处置。面临巨额债务，公司往往采取减少、拖欠职工薪酬或裁员等措施压缩经营成本，导致农民工等大量基层员工短时间内失去经济来源，当地失业者数量也将大幅增加。为了维护经济社会稳定，政府有义务依法妥善安排企业职工的劳动关系。例如，监督企业在债务重组期间依法发放职工薪酬，避免出现乱裁员现象；对于解除劳动关系的职工，政府将依法保障其获得离退休经济补偿与社保关系转出，并为其提供再就业机会。针对资金周转困难的企业，政府通常会在合理的范围内为职工社保缴纳提供政策支持。

二、地方政府专项纾困基金的常见模式

2018年以来，地方政府、金融机构、产业资本以及私募基金等共同合作，探索专项纾困基金的组建和运作模式，以帮助处于财务困境的

企业。例如，在安徽配天投资集团有限公司信用债违约案例中，实际控制人、资产管理公司、地方产业基金共同出资成立纾困基金向配天投资集团有限公司提供借款，解危纾困，并完成违约债券处置。下面将对目前我国市场上常见的地方政府纾困基金设立与运作模式进行阐述。

（一）地方政府纾困基金设立模式

1.以资产管理产品形式设立的纾困基金

以资产管理产品形式设立的纾困基金，是指在地方政府相关政策引导下，地方金融机构组织设计相应的资产管理产品援助债务危机企业。其中，保险资产管理公司专项产品和证券公司资产管理计划是两类主要的资产管理产品形式的纾困基金。

2018年10月24日，银保监会发布《关于保险资产管理公司设立专项产品有关事项的通知》，准许并提倡保险管理公司设立专项产品援助上市民企化解股票质押流动性风险，为符合标准且具备发展潜力的优质企业提供长期融资支持。与证券公司相比，保险资管专项产品存续期和封闭期较长，更加注重固定收益和安全性，且以长期价值投资为主，企业也能够因此而获得更多的纾困时间。2018年以来部分保险资产管理公司专项纾困产品见表4-9。

表4-9　2018年以来部分保险资产管理公司专项纾困产品

发起机构	产品名称	产品规模（亿元）
国寿资产	凤凰系列产品	200
中再资产	新安系列专项产品	50
人保资产	安稳投资系列1~6期	300
泰康资产	泰康聚力智选专项产品	80
新华资产	“景星”系列专项产品	100
阳光资产	阳光稳健专项产品	100
太平资产	“共赢”系列专项产品	80

资料来源：华泰证券。

2018年10月31日，中国证券业协会召开了“证券行业支持民营企业发展系列资产管理计划”会议，其中，有11家证券公司联合签署《发起人协议》，共同出资设立母资管计划，继而通过母资管计划引导支持各家证券公司分别设立若干子资管计划，并吸引保险、银行等金融机构的持续投资，对符合标准的企业进行纾困。证券公司纾困资管计划产品设立模式如图4-7所示。

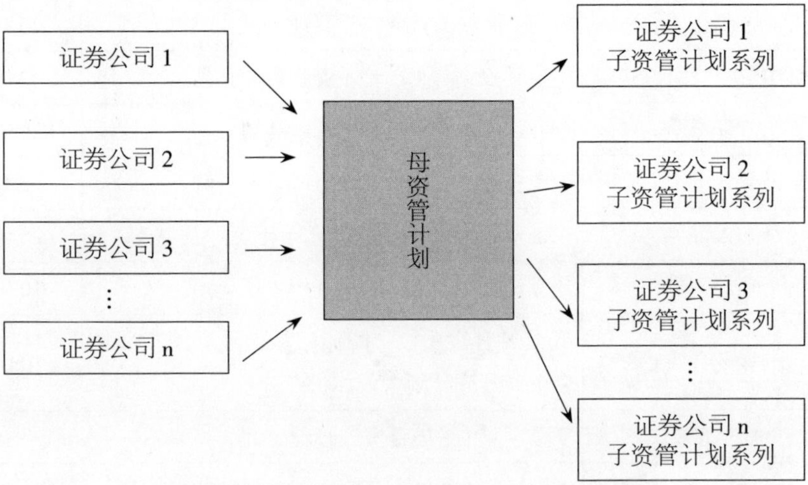

图4-7 证券公司纾困资管计划产品设立模式

资料来源：作者整理。

2018年以来部分证券公司资产管理计划见表4-10。

表4-10 **2018年以来部分证券公司资产管理计划**

发起机构	产品名称	产品规模（亿元）
国信证券	国信证券1号集合资产管理计划	20.1
国泰君安证券	国君资管1号资产管理计划	25.0
天风证券	天风证券1号集合资产管理计划	10.5
广发证券资管（广东）	广发资管FOF单一资产管理计划	10.0

续表

发起机构	产品名称	产品规模（亿元）
海通证券	海通证券资管1号FOF资产管理计划	50.0
申万宏源证券	申万宏源FOF资产管理计划	20.0
招商证券资管	招商证券资管1号FOF集合资产管理计划	20.1
银河金汇证券资管	银河1号FOF集合资产管理计划	20.1
中信建投证券	中信建投证券1号单一资产管理计划	20.0
东方证券资管	东方证券1号单一资产管理计划	20.0
中泰证券（上海）资管	中泰资管1号FOF集合资产管理计划	10.1
光大证券	光证资管FOF单一资产管理计划	25.0
华创证券	华创证券1号FOF单一资产管理计划	10.0
国盛证券资管	浔银国盛赣发投“映山红”企业纾困发展集合资产管理计划	10.0
安信证券	安信证券1号集合资产管理计划	20.1
湘财证券	湘财证券1号集合资产管理计划	20.0
华泰证券（上海）资管	华泰证券资管1号集合资产管理计划	2.9

注：存在尾差调整。

资料来源：华泰证券。

2. 以私募基金形式设立的纾困基金

以私募基金形式设立的纾困基金主要包括地方政府和地方国资亲自牵头设立的地方政府私募纾困基金，以及证券公司私募投资子公司设立的纾困私募基金两类。

其中，地方政府私募纾困基金为纾困主力，其主要是由地方政府发起，联合多方金融机构共同设立。该基金通常以母子基金的模式运作，首先由地方政府牵头设立母基金，通过母基金下设的专项子基金与保险、银行、证券公司等对接资金，再由子基金对特定项目进行投资。地方政府私募纾困基金具有区域性和灵活性的特点，能够根据区域经济特征和地方企业特性采取针对性纾困政策，更有效地帮助地方企业摆脱困境。地方政府私募纾困基金设立模式如图4-8所示。

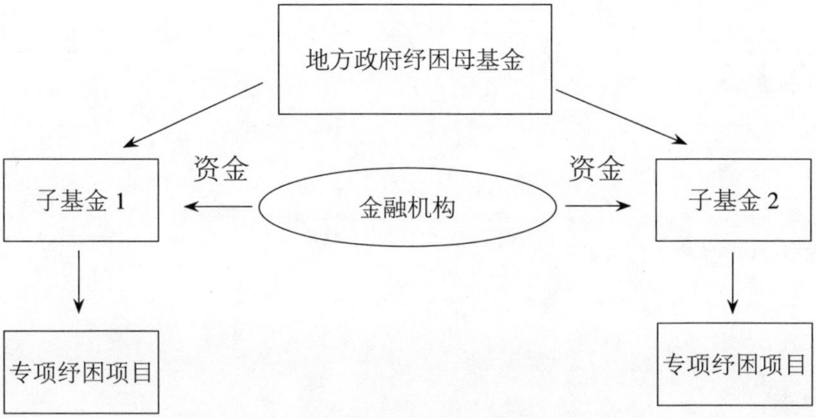

图4-8　地方政府私募纾困基金设立模式图

资料来源：作者整理。

2018年以来部分地方政府私募纾困基金设立情况见表4-11。

表4-11　**2018年以来部分地方政府私募纾困基金设立情况**

地区	金额（亿元）	基金名称
福建	150	省级纾困基金
北京（海淀）	100	支持优质科技企业发展基金
山东烟台	30	烟台市民营企业发展支持基金
四川成都	100	上市公司纾困帮扶基金
江西	100	江西国资创新发展基金
甘肃	100	甘肃省产业并购纾困基金
湖北	100	新动能发展投资基金
深圳	150	投控共赢股权投资基金
山西	50	山西省民营企业政策性纾困救助基金

资料来源：万得（Wind）数据库。

证券公司私募投资子公司设立的纾困私募基金与地方政府纾困基金相似，也是通过母子基金来进行运作，但是证券公司设立的私募基金的地域限制相对较弱，投资范围更广，且更加注重市场化调配能够更加灵活地设计投资战略。证券公司私募纾困基金设立模式如图4-9所示。

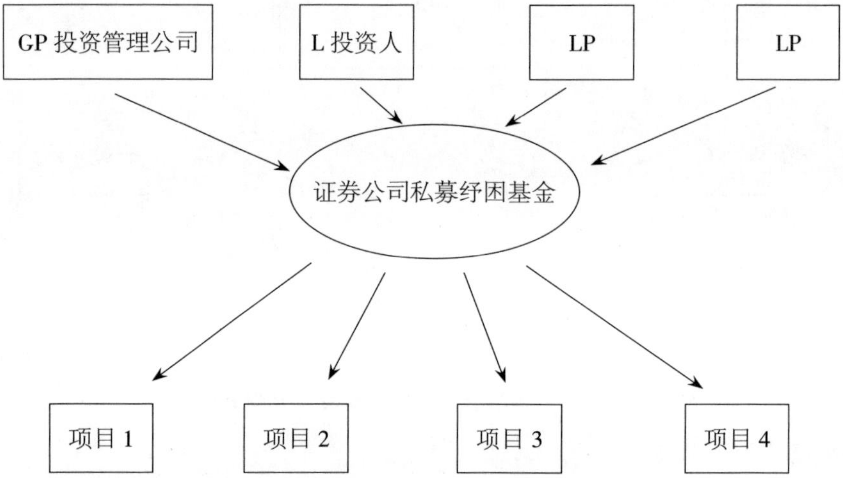

图4-9　证券公司私募纾困基金设立模式

资料来源：作者整理。

以银河证券为例，2018年银河证券联合央企、地方国企、金融投资机构和民营上市公司等共同发起总规模高达600亿元的银河发展基金作为母基金；西部证券联合浦发银行、长安信托等机构发起总规模高达100亿元的民营企业扶助发展暨并购重组专项基金。

（二）地方政府纾困基金运作模式

1.债权投资模式

债权投资模式主要包括融资借款和股权转质押两种运作模式。

融资借款类似于银行贷款，是指纾困基金向融资人发放贷款资金。与银行贷款相比，融资借款的政策倾向性更强，融资人能够通过此“绿色通道”更快地获取资金，同时借款规模较大、借款期限长，从而减轻融资人的资金压力。但是该运作模式是以融资人的信用作担保，为了避免出现信用风险，纾困基金管理者要选择基本面良好的企业，此外还可以通过设置增信机制，如股票质押、不动产质押、其他大股东担保等，来保证投资人的资金安全。

股权转质押是指纾困基金向民营上市企业控股股东提供过桥资金，解除原先的股权质押，再把赎回的股权进行二次质押。当大股东重新进行股权质押时，一方面由于股价必然相对原股权质押时有所下降，转质押可以降低股权质押警戒线；另一方面可以有效延长企业还款日期，从而达到纾困的目的。但是纾困基金提供的过桥资金和企业二次质押之间的差价需要由企业自己承担。在这一过程中，投资人获得的纾困收益就是过桥资金在出借期间产生的利息。

由此可见，债权投资模式的本质是信贷，投资对象多为信用水平良好、质押物充足且具有发展前景的上市民企，主要缓解企业短期、中期的流动性问题，还能避免出现企业控制权转移的问题。但是债权投资模式解决的仅仅是企业的燃眉之急，只适用于股权质押比例过高、股价下跌至预警线等原因导致短期出现资金缺口的企业，并不能从根本上改善企业融资结构，化解企业流动性风险。如果企业不能在融资到期前恢复营运能力获得盈利归还借款，则会出现新一轮的流动性风险和股权质押风险。

2.股权投资模式

股权投资模式是从根本上解决企业债务问题的模式，主要包括协议转让上市公司股份、认购上市公司非公开发行股份、重组控股股东3种模式。

协议转让上市公司股份是指民营上市公司股东将已质押的股份通过协议的方式转让给纾困出资方，公司股东利用获得的纾困资金解除已质押的股份。正是由于纾困政策出台，股份的原质权人才会允许纾困资金到账之前解除质押股权。股份的转让会同时带来股东决议权和控制权的转移，但是基于纾困基金的最终投资目的是纾解民营上市公司的困难而非盈利，所以协议一般会以“股权表决权委托”的形式将权利交还给被纾困公司，尽量避免企业控制权发生转移。协议转让上市公司股份模式如图4-10所示。

图4-10 协议转让上市公司股份模式图

资料来源：作者整理。

认购上市公司非公开发行股份是指纾困出资方认购民营上市公司非公开发行的股份，公司控制权从而发生变更。通过这种方式，资金能够迅速注入被纾困企业，出资方成为被纾困企业的新股东，会在一定程度上参与企业的日常经营、会议决策等，改变了企业原有的股东结构。纾困出资方一般为具有雄厚资本的国资企业，能够向被纾困企业提供更好的资源平台，参与企业战略布局等，协助企业渡过难关，尽快恢复营运能力获得盈利。认购上市公司非公开发行股份模式如图4-11所示。

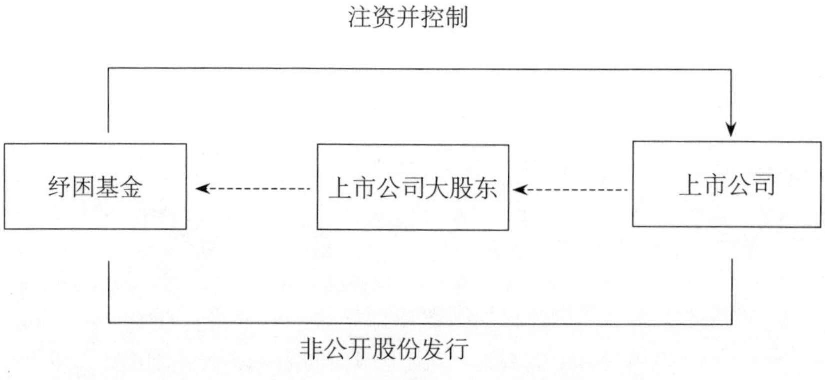

图4-11 认购上市公司非公开发行股份模式图

资料来源：作者整理。

重组控股股东是指通过股权转让、资产重组、战略持股等方式控制上市公司控股股东（一般为企业），从而实现绝对控股，并参与公司的日常经营改善其流动性。重组控股股东一般适用于融资方为企业而非自然人的情况。重组控股股东模式如图4-12所示。

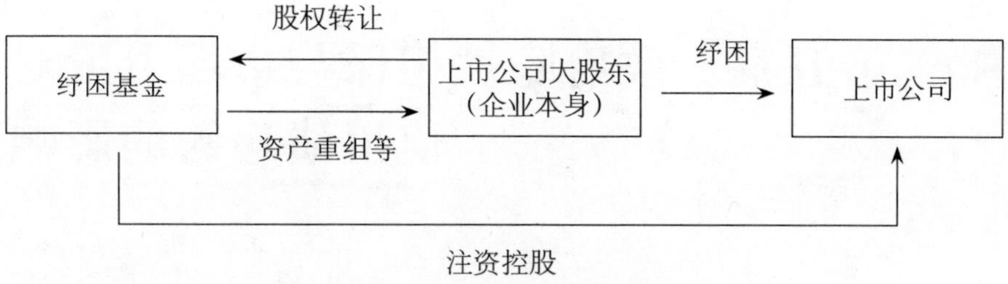

图4-12　重组控股股东模式图

资料来源：作者整理。

股权型投资主要适合需要出让较多股权、或股东有减持意愿，有长期投资价值的民营上市公司。与债权投资模式相比，上市公司股东不必面临股权再次质押和融资到期的风险，但是公司股权结构发生改变，会出现控制权转移问题。一般股权型投资方多为国资企业，有更多经验和能力能够帮助被纾困公司规范内部管理结构、提供优质资源、制定发展战略，并严格监督被纾困公司按进度完成纾困。

第五章　政府隐性担保与市场力量对信用债违约的影响

第一节　问题的提出

随着中国金融市场的快速发展，信用债市场已成为企业融资的重要渠道之一。然而，近年来信用债违约事件频发，引起了广泛关注。特别是在经济增速放缓和经济结构调整的背景下，企业债务违约已成为市场关注的焦点。这不仅影响了投资者的信心，也对金融市场的稳定性构成了潜在威胁。信用债违约问题的复杂性在于，它不仅仅是企业财务状况的直接反映，还涉及多方面的因素，包括宏观经济环境、政府政策、市场机制等。其中，政府隐性担保与市场力量对信用债违约风险的作用机制尤为值得深入研究。

政府隐性担保是指政府在法律和合同之外，对某些企业或金融机构可能提供的非正式支持或救助。在中国，政府隐性担保在国有企业和地方政府融资平台中表现得尤为突出。隐性担保的现象源于政府对经济稳定和社会责任的关注，尤其是在国有企业和大型基础设施项目上。这种隐性担保虽然在理论上可以减少违约风险，但其实际效果因政府政策的变化而有所不同。在2018年，华晨汽车集团虽然市场普遍预期政府会对其进行救助，但该公司还是发生了债务违约事件，说明政府隐性担保的预期与实际干预存在偏差。类似事件还包括2020年辉山乳业的债务危机，尽管市场对地方政府救助有较高预期，但最终公司依然未能获得有效救助。

我国证券市场力量主要包括证券承销商、会计师事务所、律师事务所和各类评估机构，这些中介机构各有专业分工和侧重，在信用债发行和后续管理中也扮演了重要角色。证券服务机构及其从业人员应对与本专业相关的业务事项履行特别注意义务，对其他业务事项履行普通注意义务。然而由于部分中介机构严重渎职，没有认真履行中介机构把关责任，失去看门人作用，给资本市场的发展带来负面影响。例如，2021年8月，因4家保荐机构、律所、会所、评估机构被中国证监会立案调查导致30家IPO企业被中止发行上市审核。2022年5月，因胜通集团多年财务造假，公开与非公开公司债券的数家中介机构包括国海证券、中天运会计师事务所和评估机构等因没有勤勉尽责被证监会予以行政处罚，同时建设银行与恒丰银行被中国银行间市场交易商协会分别予以通报批评和警告。

为监管中介机构违规行为，压实中介机构责任，证监会、财政部等监管部门从2022年年初以来出台了多项政策法规，约束监督中介机构尽责行为（见表5-1）。新法律法规从监管和自律的角度，要求中介机构勤勉尽责，实施充分的核查程序，有效督促公司建立健全内部控制，按照规定履行信息披露义务，提升专业能力和执业质量。

在当前复杂的现实背景下，本书旨在探讨政府隐性担保和市场力量如何相互作用，共同影响信用债违约。通过对政府隐性担保的多维度测量，以及对权威承销商和会计师事务所等市场力量的分析，本书试图揭示在当前宏观经济和政策环境下，哪些因素在影响信用债违约风险中起到了决定性作用。这不仅有助于完善理论分析框架，也为政策制定者和市场参与者提供了重要的实证依据。

表5-1　2022年至2024年8月出台的规范证券市场秩序法律法规

时间	监管部门	政策法规
2022年1月21日	最高人民法院	《关于审理证券市场虚假陈述侵权民事赔偿案件的若干规定》
2022年5月27日	财政部	《会计师事务所监督检查办法》
2022年5月27日	证监会	《保荐人尽职调查工作准则》《证券发行上市保荐业务工作底稿指引》
2022年5月31日	证监会、司法部、财政部	《关于加强注册制下中介机构廉洁从业监管的意见》
2022年6月17日	中国证券业协会	《证券公司首次公开发行股票并上市保荐业务工作底稿目录细则》《注册制下保荐协议（示范文本）》《证券业务示范实践第3号——保荐人尽职调查》《证券公司保荐业务规则》《公司债券承销业务规范》《证券公司重大资产重组财务顾问业务执业质量评价办法》等
2023年6月20日	证监会	《关于注册制下提高中介机构债券业务执业质量的指导意见》
2024年8月16日	司法部、财政部 证监会	《国务院关于规范中介机构为公司公开发行股票提供服务的规定（征求意见稿）》

资料来源：根据公开信息整理。

第二节 相关文献与研究假设

一、相关文献

政府隐性担保所产生的影响既有积极方面，也有消极方面。积极作用方面，研究发现政府隐性担保能够防止投资者恐慌、恢复市场信心和维护金融稳定（Allen et al., 2018；Cordella, Dell'Ariccia, and Marquez, 2018；Min, 2013）；有利于企业公开发行债券（毛新述、周小伟，2015）；能够为国有企业信用增级（李腊生、陈洋洋、李军帅，2020），降低债券融资成本（Zhang and Wang, 2020）；可以提高民企债券评级，降低民企债券融资难度（靳小翠，2019）。中国国有企业的政府隐性担保价值高于非国有企业（Tsafack, Li, and Beliaeva, 2021）。在消极影响方面，Alesina等（1995）和Ardagna（2004）较早指出，地方政府预算软约束的形成，将增加政府对市场借贷的非正常干预，进而破坏市场机制的基础性资源配置作用。政府通过优先向国企提供信贷优惠（Stiglitz and Weiss, 1981）、税收优惠和政府补贴等实际利益（纪洋等，2018），将其控制的稀缺资源优先分配给国有企业（潘红波、余明桂，2011），造成资源错误配置（聂新伟，2016；李腊生、陈洋洋、李军帅，2020）、国企过度负债（纪洋等，2018；吴秋生、独正元，2019）、债券市场信息效率扭曲（魏明海、赖婧、张皓，2017）、市场竞争失衡和信贷环境恶化等问题（郑曼妮、黎文靖、柳建华，2018）。此外，Mo等（2021）的研究表明，中国政府对国有企业的隐性担保没有显著受到"打破刚性兑付"政策的影响，国企债券的违约率明显低于非国企债券，国企的融资优势进一步增加。Lin和Milhaupt（2017）则发现，中国政府在2014年之前对非国有企业债券发行人特别是有强大政治关联的非国有企业也进行了纾困，即国有企业并不是唯一得到政府隐性担保的企业。刘颖（2021）认为在宏观经济放慢的大背景下，地方国企会由于负债期限安排不合理以及当地政府发债融资的影响造成其违约风险升高。

市场力量对企业投融资的影响已经成为学术界和政策制定者关注的焦点。市场力量包括金融中介机构（如银行、证券承销商、会计师事务所等）的作用。通过分析这些因素对债务违约的影响，可以更好地理解信用风险的形成机制，并为债务市场的风险管理提供指导。首先，金融中介机构在企业投融资中占据重要位置。银行等金融机构在贷款定价、风险评估和贷款审批过程中具有重要的信用信息优势（Stulz，2000）。这种信息优势使得金融机构能够在一定程度上识别和防范信用风险。章卫东和雷松（2020）研究发现定向增发新股的公司若聘请高声誉的审计师，其投资效率将显著提升；此外，当公司同时聘请高声誉的审计师和保荐人时，投资效率将得到进一步增强。然而，金融机构本身的行为，如贷款松绑或审查不严，也可能导致信用风险的积累，从而增加违约风险。Diamond（1991）强调了金融中介机构在信息甄别和风险控制中的作用，特别是在信用市场中，金融机构的尽职调查能力直接影响了借款人的违约概率。其次，证券市场中的中介机构，如承销商和会计师事务所，对企业融资的影响也不容忽视。Lawrence 等（2011）研究了大型会计师事务所与小型会计师事务所在审计质量方面的差异，并发现这种差异对公司财务报告透明度和企业融资成本产生影响。钟辉勇等（2016）在研究债券评级与发行定价的关系时，从理论上提出评级机构与发行人的合谋会导致债券信用评级不能真实地反映出债券的违约可能性，因此不能通过评级判断该债券的信用风险。高声誉的承销商能够提高债券的信用评级，进而降低债券发行利差（Chen，Zhao，and Zhao，2019）。高质量的审计能够降低代理成本，从而减少债务融资的成本（Niemi，Kinnunen，and Ojala，2018；Mansi et al.，2004），提高融资效率（Pang et al.，2022）。

综合来看，国内学者目前就中介机构职能、中介尽责履职情况对信用债违约的影响研究，主要是通过案例研究的方式进行。例如，赵洋和陈超（2016）以海龙发行短期融资券为例，对金融中介机构的行为进行了分析，研究发现评级机构、承销商和会计师事务所均没能履行尽职调查义务，不能有效降低企业和债券投资人之间的信息不对称。目前鲜有研究从实证分析的角度分析中介机构服务质量与信用债违约的关系，也很少有研究系统性地分析政府、市场与企业的互动关系如何影响信用债违约。因此，本章探讨在中国独特的经济体制下，政府、市场和企业的互动关系对信用债违约的具体影响。

二、研究假设

在中国，政府隐性担保现象普遍存在，尤其是在国有企业和地方政府融资平台中。这种隐性担保往往使得企业能够在更高的杠杆水平下运营，因为市场预期政府会在企业面临财务困境时进行救助。这种假设的理论基础在于隐性担保可以提高市场对企业信用的信心，从而使企业能够获得更低成本的融资，减轻财务压力，降低违约风险。许多研究表明，政府隐性担保会降低市场对企业信用风险的敏感性，使得企业在资本市场上获得资金变得更为容易。在中国，国有企业由于享有政府隐性担保，其债务违约率显著低于非国有企业（Mo，Gao，and Zhou，2021）。此外，地方政府融资平台也常常依赖这种隐性担保来维持资金链的稳定（钟宁桦等，2021；王秋石等，2024），导致市场通常认为这些企业的违约风险较低。基于上述分析，提出如下假设：

H1a：政府隐性担保增强了市场信心，进而降低了企业的债务违约风险。

然而，政府隐性担保并非总是有效。在某些情况下，隐性担保反而可能增加企业的违约风险。道德风险理论指出，企业在预期政府会提供救助的情况下，可能忽视风险管理和财务纪律。企业可能在享受隐性担保的同时，采取过度负债、盲目扩张等高风险行为，最终导致财务恶化（吴秋生、鲍瑞雪，2019）。研究表明，在中国的地方政府融资平台中，政府隐性担保使得这些平台更容易进行高杠杆操作，而这最终可能导致更大的违约风险（马勇、章洪铭，2023）。基于上述分析，提出如下假设：

H1b：政府隐性担保提高了企业的道德风险，进而增加了企业的债务违约风险。

在资本市场中，审计工作是确保财务报告质量的核心环节。高质量的审计不仅能揭示企业潜在的财务风险，还能通过公正、客观的审计意见，增强投资者对企业财务信息的信任度，从而减少信息不对称对投资决策的不利影响。Robin等（2017）发现，高质量的审计能够帮助企业签订限制性条款较少的合同，并确保企业有较低的合同违约概率。通过提供更可靠的财务信息，审计师帮助减少了投资者和债权人因信息不对称而导致的误判风险，从而降低了企业的债务违约概率。此外，Clinch等（2012）的研究表明，权威的行业专业审计师能够减少信息的不对称，在保证财务报告信息质量和信息的交流中发挥重要作用。审计师的独立性和专业能力直接影响财务报告的透明度，而高质量的审计能够增强市场对企业财务状况的信心，进而降低债务违约的可能性。陈超和李镕伊（2013）研究发现，高质量的审计可以提高发债主体和公司债券的信用评级。陈益云和林晚发（2018）的研究表明，高声誉审计师的声誉验证功能有助于降低企业债券利差。高质量审计有利于减少财务报告中的错误和虚假陈述，降低市场对企业财务稳定性的担忧，从而有效控制了违约风险。基于以上分析，提出研究假设：

H2：政府隐性担保与权威会计师事务所审计的交互效应对信用债违约风险呈负向影响。即在政府隐性担保加大了企业违约风险的情况下，由权威会计师事务所审计的企业债务违约风险更低。

债券市场中，承销商的声誉和专业能力在债券的发行过程中起着关键作用，尤其在信息不对称较高的市场环境中。权威承销商通常具有丰富的经验和高度的市场信任度，这使他们在项目筛选、债券定价和市场营销等方面表现出更高的专业水准，从而提升债券发行质量，减少违约风险。Fang（2005）和Fernando等（2005）的研究虽然为早期文献，但在近些年的研究中，学者们进一步验证了权威承销商对证券风险的抑制作用。例如，Liu和Wu（2023）发现，声誉较高的承销商能够通过更严格的尽职调查程序和谨慎的定价策略，降低资产支持债券发行的风险溢价。张上冉等（2023）研究发现，在我国全面实行注册制后，承销商声誉越高，其所承销债券的违约概率越低，承销商发挥了应有的作用。此外，Zhang等（2024）的实证研究也表明，权威承销商的参与显著降低了债券的信用风险。权威承销商通过其市场声誉向投资者传递了企业信用质量的正面信号，降低了市场对债券违约的预期。同时，这些承销商通常会对所发行的债券进行持续监控，确保发行企业遵守相关条款并按时履行债务，这进一步降低了违约风险。基于以上分析，提出研究假设：

H3：政府隐性担保与权威承销商参与的交互效应对信用债违约风险呈负向影响。即在政府隐性担保加大了企业违约风险的情况下，权威承销商参与的债券违约风险更低。

第三节　研究设计

一、样本选择和资料来源

本章以2014—2021年中国债券市场发行的信用债及其发行主体为研究对象。债券类型包括一般公司债、私募债、一般企业债、中期票据和短期融资券等，发行主体包括上市与非上市企业。由于非上市企业的相关财务数据不公开或者公开有限，经数据筛选后，违约债券-年度观测值样本数从846个减少到318个。此外，为了考察信用债违约的影响因素，剔除掉缺失数据样本后，选取了11 872只没有发生违约的债券-年度样本，因此全部观测值样本数为12 190个。相关债券数据、财务数据来自万得（Wind）数据库和企业预警通数据库。

二、变量定义

（一）被解释变量

本章的被解释变量为信用债违约（*Default*），债券发生违约时取1，未发生违约取0。违约类型包括，无法兑付、未按时兑付本息、担保违约、展期、提前到期未兑付、技术性违约和触发交叉违约等类型。

（二）解释变量

本章的解释变量为政府隐性担保（*Implicit*）（汪莉、陈诗一，2015），采用各省年度财政收入与地区生产总值的比值进行度量，该值越大，代表政府隐性担保强度越大。

（三）调节变量

本章的调节变量为市场力量，选取权威会计师事务所和权威证券承销商来度量。如果为企业提供审计的会计师事务所为年度国内前十，则*BigAccounting*取1，否则为0。如果为企业提供债券承销的证券公司为年度国内前十，则*BigUnderwriter*取1，否则为0。

（四）控制变量

本章控制变量主要包括企业财务状况，债券个体特征，地区影响和宏观经济四大方面。表5-2为各变量的定义与说明。

表5-2 **变量定义与说明**

变量类型	变量名称	变量符号	变量定义
被解释变量	信用债违约	*Default*	企业发生信用债违约=1，否则=0
解释变量	政府隐性担保	*Implicit*	各省年度财政收入/地区生产总值

续表

变量类型	变量名称	变量符号	变量定义
调节变量	市场力量	*BigAccounting*	会计师事务所是行业前十名=1，否则=0
		BigUnderwriter	债券承销商是行业前十名=1，否则=0
控制变量	企业财务状况	*Debt*	资产负债率
		Cover	获息倍数
		Massets	ln（货币资产）
		Growth	主营业务收入增长率
		Cash	现金比率
		Liquidity	速动比率
	债券个体特征	*Interest*	发行时票面利率
		Balance	ln（1+债券余额）
	地区影响	*Deficit*	各省财政赤字
		GovFirm	地区政企关系指数
		Market	地区市场化指数
	宏观经济	*Fund*	ln（社会融资规模）
		M2	ln（广义货币）

注：由于中国信用债券评级普遍为A级以上债券，信用评级的区别度很低。此外，部分债券没有信用评级，因此研究变量没有考虑信用评级指标。

三、模型设定

为检验政府隐性担保对企业信用债违约的影响，构建Logit回归模型（5-1）。

$$Default = \alpha_0 + \alpha_1 Implicit + \alpha_2 Controls + \varepsilon \qquad (5\text{-}1)$$

其中：*Controls*代表所有的控制变量。如果回归结果α_1系数小于0，表明政府隐性担保降低了企业债务违约风险，研究结论支持假设H1a。反之，研究结论将支持假设H1b。

为检验市场力量对政府影响担保与企业债务违约关系的调节作用，构建模型（5-2）和模型（5-3），分别检验权威会计师事务所和权威承销商的影响。

$$Default = \beta_0 + \beta_1 Implicit + \beta_2 Implicit \times BigAccounting + \beta_3 BigAccounting + \beta_4 Controls + \varepsilon \tag{5-2}$$

$$Default = \gamma_0 + \gamma_1 Implicit + \gamma_2 Implicit \times BigUnderwriter + \gamma_3 BigUnderwriter + \gamma_4 Controls + \varepsilon \tag{5-3}$$

其中：交乘项系数β_2和γ_2代表着市场力量的调节作用。如果回归结果β_2和γ_2的系数小于0，表明市场能量能够负向调节政府影响担保与企业债务违约的关系。

第四节　实证结果分析

一、描述性统计

（一）违约债券按债券类型与年度的描述性统计

表5-3为信用债违约债券按债券类型与年度的分布情况统计，在318只违约债券样本中，公司债和中期票据违约数量最多。从年份分布上看，违约债券样本数量最高的3年是2019年、2021年和2018年，分别有91、74和70只违约债券。

（二）违约债券按公司属性的描述性统计

表5-4为信用债违约债券按公司性质的分布情况统计，318只违约债券样本中有185只所属企业为上市公司，133只为非上市公司；246只

表5-3　　违约债券按债券类型与年度的分布情况

年份	中期票据	企业债	公司债	可交换债	可转债	定向工具	短期融资券	总量
2014	0	0	1	0	0	0	0	1
2015	2	1	2	0	0	1	1	7
2016	0	0	0	0	0	1	3	4
2017	6	4	1	0	1	2	1	15
2018	10	1	31	1	0	6	21	70
2019	18	4	60	0	0	3	6	91
2020	23	0	27	0	0	1	5	56
2021	34	0	35	1	0	0	4	74
总计	93	10	157	2	1	14	41	318

违约债券来自民营企业，占比达77.36%；中央和地方国有企业违约债券共计38只，占比约11.95%，值得注意的是，国有企业中非上市公司达26只，在所有违约国企债券中占比超过68%。

表5-4　　违约债券按公司性质的分布情况

公司性质	是否上市		合计	
	非上市公司	上市公司	频数	占比（%）
中外合资企业	7	0	7	2.20
中央国有企业	10	2	12	3.70
公众企业	0	20	20	6.20
地方国有企业	16	10	26	8.18
外资企业	0	7	7	2.20
民营企业	100	146	246	77.36
总计	133	185	318	100.00

注：存在尾差调整。

（三）违约债券按所属行业的描述性统计

表5-5为信用债违约债券按所属行业的分布占比1%以上的情况统计，所属行业按照万得数据库的二级行业分类标准进行统计。318只违约债券样本中房地产开发行业的数量最多达到49只，建筑与工程行业也达到17只。从整体上看，房地产行业是我国信用债违约的高发行业。

表5-5　**违约债券按所属行业的分布情况划分**

所属行业	频数	占比（%）
房地产开发	49	15.40
电力	29	9.12
综合类行业	27	8.49
建筑与工程	17	5.35
基础化工	15	4.72
中药	14	4.40
食品加工与肉类	14	4.40
电脑与电子产品零售	11	3.46
电子元件	10	3.14
航空	10	3.14
煤炭与消费用燃料	9	2.83
新能源发电业者	8	2.52
环境与设施服务	8	2.52
电子设备和仪器	8	2.52
售货目录零售	7	2.20
服装、服饰与奢侈品	7	2.20

续表

所属行业	频数	占比（%）
化肥与农用化工	5	1.57
工业机械	5	1.57
贸易公司与工业品经销商	5	1.57
机动车零配件与设备	4	1.26
水务	4	1.26
白银	4	1.26

注：存在尾差调整。

（四）违约债券的债项评级变化

表5-6为违约债券样本的债项评级变化情况。318只违约债券样本中无债券信用评级的样本有56只，从债券发行时信用评级分布情况可见，99.6%的债券在发行时信用评级均为A级以上，只有1项债券在发行时评级为BB级，AAA级债项评级占11.8%，接近一半违约债券发行时评级为AA级，可见我国债券市场信用评级整体偏高，信用评级的风险信息含量较低，不能从实质上反映出债券的信用质量。从违约债券的最新债项评级可见，违约后债券信用评级普遍下调，主要集中在C级信用风险水平。

表5-6 **违约债券债项评级变化**

发行时债项评级	最新债项评级									
	A-	AA	AA+	AA-	BBB-	C	CC	CCC	D	合计
A+	0	0	0	0	0	0	1	0	0	1
A-	1	0	0	0	0	0	0	0	18	19
AA	0	7	1	1	0	116	3	2	0	130
AA+	0	0	1	1	0	69	4	0	0	75

续表

发行时债项评级	最新债项评级									
	A-	AA	AA+	AA-	BBB-	C	CC	CCC	D	合计
AA-	0	1	0	0	0	4	0	0	0	5
AAA	0	1	0	0	4	26	0	0	0	31
BB	0	0	0	0	0	1	0	0	0	1
合计	1	9	2	2	4	216	8	2	18	262

（五）违约债券发行主体的债项评级变化

表5-7为违约债券发行主体的信用评级变化。尽管有些债券没有信用评级，但所有发行主体都进行了信用评估，从主体评级来看，只有2个主体信用评级为AA-以下，违约后的主体评级普遍下降，大部分主体被降为C级。

表5-7 **违约债券发行主体信用评级变化**

发行时主体评级	最新主体评级									
	AA	AA+	AA-	BBB+	BBB-	C	C	CC	CCC	总计
A	0	0	0	1	0	1	0	0	0	2
A+	0	0	0	0	0	1	0	0	0	1
AA	11	0	1	0	0	145	0	3	4	164
AA+	1	3	1	0	0	100	2	0	0	107
AA-	1	0	1	0	0	4	0	0	0	6
AAA	1	0	0	0	4	31	0	0	0	36
BB	0	0	0	0	0	1	0	0	0	1
BBB	0	0	1	0	0	0	0	0	0	1
总计	14	3	4	1	4	283	2	3	4	318

（六）全体样本的描述性统计

表5-8为全样本研究变量的描述性统计分析。在12 190个违约债券年度样本中，违约样本占比2.7%。国有企业占比91.5%，说明国有企业相对于其他类型企业，在利用公开融资渠道方面具备着很大的优势。上市企业占比仅为9.7%，非上市企业在信用债市场的比重较大。19.5%的债券是有担保债券，10.1%的债券发行主体聘请了国内排名前十的证券承销商，25.5%的债券发行主体聘请了国内排名前十的会计师事务所。

表5-8　　　　**各变量描述性统计结果**

变量	观测值	均值	标准差	最小值	最大值
Default	12 190	0.026	0.159	0.000	1.000
Implicit	12 190	0.108	0.031	0.058	0.227
BigAccounting	12 190	0.257	0.437	0.000	1.000
BigUnderwriter	12 190	0.100	0.300	0.000	1.000
Debt	12 190	61.318	23.997	3.630	1 186.050
Cover	12 190	221.254	13 299.060	−365.630	1 028 911.000
Massets	12 190	3.832	1.538	−3.912	9.442
Growth	12 190	17.821	58.746	−939.180	1 647.400
Cash	12 190	0.455	0.614	0.000	21.010
Liquidity	12 190	1.451	1.831	0.030	59.870
Interest	12 190	5.228	1.391	2.000	10.000
Balance	12 190	9.546	8.525	0.000	150.000
Deficit	12 190	−3 444.800	1 511.147	−6 942.740	−337.890
GovFirm	12 190	7.167	1.048	−4.447	11.175
Market	12 190	9.657	1.503	1.124	12.390
Fund	12 190	12.498	0.268	11.861	12.760
M2	12 190	14.496	0.124	14.021	14.684

二、基准回归结果分析

表5-9为全样本的Logit回归结果。

表5-9 政府隐性担保与市场力量影响信用债违约Logit模型回归结果

变量	(1)	(2)	(3)
	Default	*Default*	*Default*
Implicit	15.168***	20.197***	16.578***
	(3.51)	(4.30)	(3.68)
Implicit×BigAcct		-18.349*	
		(-1.65)	
BigAccounting		-0.143	
		(-0.11)	
Implicit×BigUnd			-8.723
			(-1.12)
BigUnderwriter			1.134
			(1.18)
Debt	0.090***	0.097***	0.091***
	(10.96)	(11.00)	(11.00)
Cover	-0.062***	-0.061***	-0.061***
	(-11.88)	(-11.60)	(-11.82)
Massets	-0.627***	-0.639***	-0.634***
	(-8.39)	(-8.11)	(-8.46)
Growth	-0.022***	-0.022***	-0.021***
	(-9.68)	(-8.99)	(-9.59)

续表

变量	(1)	(2)	(3)
	Default	*Default*	*Default*
Cash	−2.078***	−1.959***	−2.031***
	(−3.58)	(−3.15)	(−3.49)
Liquidity	0.059	0.036	0.059
	(1.35)	(0.83)	(1.35)
Interest	0.903***	0.882***	0.907***
	(10.60)	(9.98)	(10.60)
Balance	0.033***	0.039***	0.033***
	(3.17)	(3.36)	(3.19)
Deficit	0.000	0.000	0.000
	(0.36)	(0.11)	(0.33)
GovFirm	−0.059	−0.063	−0.039
	(−0.29)	(−0.31)	(−0.19)
Market	−0.029	0.014	−0.040
	(−0.20)	(0.09)	(−0.27)
Fund	−11.329***	−11.540***	−11.238***
	(−8.19)	(−8.20)	(−8.17)
M2	30.825***	31.764***	30.621***
	(7.58)	(7.69)	(7.59)
Constant	−319.748***	−331.824***	−318.223***
	(−7.46)	(−7.63)	(−7.49)
N	12 190	12 190	12 190
LR chi^2	1 939.14	1 996.26	1 940.51
Pseudo R^2	0.6581	0.675	0.6585

注：括号内为*z*值，***、**、*分别表示在1%、5%与10%的统计水平上显著。

列（1）表示在控制了企业财务特征、债券特征、地区影响和宏观经济后，*Implicit*的系数为15.168，在1%的统计水平上显著。该结果表明，政府隐性担保对企业信用债违约有显著的正向影响，政府隐性担保加剧了企业的债务违约风险。假设H1b得到了验证，即政府隐性担保强度越大，企业的债务违约风险越高。政府隐性担保提高了企业的道德风险，由于对政府支持的预期，企业可能采取更激进的策略，如过度负债或高风险投资，从而增加了债务违约的风险。资产负债率（*Debt*）、债券发行利率（*Interest*）、债券余额（*Balance*）和广义货币（*M2*）的增加均能正向影响违约概率，而获息倍数（*Cover*）、货币资产规模（*Massets*）、主营收入增长率（*Growth*）、现金比率（*Cash*）和社会融资规模（*Fund*）的增加均能负向影响企业违约概率。上市控制变量的影响符合预期。

列（2）报告了权威会计师事务所的调节效果。*Implicit*系数显著为正，而交乘项*Implicit×BigAcct*的系数为−18.349，在10%的统计水平上显著，表明在政府隐性担保提高债务违约风险的情况下，聘请了十大会计师事务所进行审计的企业，其信用债违约风险更低。即高质量的审计工作减少了财务报告中的信息不对称，提升了市场对企业财务状况的信心，从而降低违约风险，假设H2得到验证。当政府隐性担保与高质量的审计工作结合时，市场对企业的信用风险评估会更加乐观，从而进一步降低违约风险。

列（3）报告了权威证券承销商的调节效果。*Implicit*系数显著为正，而交乘项*Implicit×BigUnd*的系数为−8.723，没有通过显著性水平检验。即承销商的执业水平（是否是前十大承销商）对发债企业的违约概率没有影响。近年来证券承销商违规事件颇多，因此关于承销商执业水平对债务违约无影响的可能解释是：即使是处于行业领先地位的承销商，其执业水平也不高，因此不能对企业债务违约的发生起到监督、约束的作用。

三、稳健性检验

（一）使用广义倾向得分匹配法

由于本章的解释变量政府隐性担保*Implicit*不是0-1变量，而是连续变量，故无法采用传统的倾向得分匹配法。广义倾向得分匹配法（GPSM）适用于非二元的处理变量，通过匹配后的数据，估计*Implicit*变量对*Default*的因果效应。

首先，估计*Implicit*变量的广义倾向得分*GPS*。通过全部控制变量对*Implicit*进行回归后获得预测值。其次，将*Implicit*和*GPS*作为自变量，通过Logit回归模型来估计*Default*的条件期望值。最后，估计*Implicit*对*Default*的平均边际效应（AME）。这一命令计算了当*Implicit*增加一个单位时违约概率（*Default*）的平均变化量。通过上述步骤，在控制其他变量的情况下，估计*Implicit*对*Default*的直接影响，并得出其因果效应（见表5-10）。结果表明，政府隐性担保*Implicit*每增加一个单位，违约概率*Default*在1%的水平平均增加40.64%。边际效应的标准误为0.0718，z值为5.66，具有显著的统计学意义。此外，95%置信区间为[0.2656，0.5472]，进一步支持了*Implicit*对*Default*的显著正向影响。

表5-10　**政府隐性担保对信用债违约的边际效应估计结果**

变量	边际效应	标准误	z	p	95%置信区间
Implicit	0.4064	0.0718	5.66	0.000	[0.2656，0.5472]

（二）改用Probit模型

基准回归采用了Logit模型，稳健性检验中改用Probit模型重新对式（5-1）至（5-3）进行回归，回归结果报告于表5-11所示。列（1）中，在考虑所有控制变量情况下，*Implicit*的系数为7.978在1%的统计水平上显著，表明政府隐性担保对信用债违约具有显著的正向影响，即政府隐性担保提高了企业信用债违约概率，加大了企业债务违约风险，再次验证了假设 H1b。列（2）中，*Implicit* 系数显著为正，交乘项 *Implicit×BigAcct* 的系数在 10% 的统计水平上显著为负，表明十大会计师事务所能够缓解政府隐性担保与企业债务违约的关系，降低了企业的债务违约风险，支持假设 H2。列（3）中，*Implicit* 系数显著为正，交乘项 *Implicit×BigUnd* 的系数为负，但不显著，与基准回归结果一致，表明十大承销商在缓解政府隐性担保与企业债务违约的关系方面作用有限。Probit 模型回归结果与 Logit 模型回归结果一致，结论具有稳健性。

表5-11 **政府隐性担保与市场力量影响信用债违约Probit模型回归结果**

变量	(1)	(2)	(3)
	Default	*Default*	*Default*
Implicit	7.978***	10.544***	8.512***
	(4.02)	(4.90)	(4.14)
Implicit×BigAcct		-9.516*	
		(-1.85)	
BigAccounting		0.054	
		(0.09)	
Implicit×BigUnd			-4.144
			(-1.06)
BigUnderwriter			0.562
			(1.20)
Debt	0.047***	0.051***	0.047***
	(13.59)	(13.66)	(13.60)
Cover	-0.027***	-0.027***	-0.027***
	(-10.89)	(-10.77)	(-10.85)

续表

变量	(1)	(2)	(3)
	Default	*Default*	*Default*
Massets	−0.351***	−0.354***	−0.353***
	(−10.34)	(−9.97)	(−10.39)
Growth	−0.009***	−0.009***	−0.009***
	(−11.33)	(−11.26)	(−11.30)
Cash	−0.442**	−0.425**	−0.429**
	(−2.54)	(−2.45)	(−2.47)
Liquidity	0.031	0.022	0.030
	(1.55)	(1.07)	(1.52)
Interest	0.443***	0.440***	0.444***
	(11.57)	(11.04)	(11.57)
Balance	0.020***	0.022***	0.020***
	(3.88)	(3.96)	(3.87)
Deficit	0.000	−0.000	0.000
	(0.16)	(−0.04)	(0.15)
GovFirm	0.095	0.101	0.103
	(1.04)	(1.08)	(1.12)
Market	−0.091	−0.078	−0.096
	(−1.39)	(−1.16)	(−1.45)
Fund	−4.344***	−4.464***	−4.351***
	(−9.17)	(−9.16)	(−9.18)
M2	11.535***	11.942***	11.599***
	(9.28)	(9.37)	(9.31)

续表

变量	(1)	(2)	(3)
	Default	Default	Default
Constant	−120.497***	−125.463***	−121.444***
	(−9.38)	(−9.54)	(−9.42)
N	12 190	12 190	12 190
LR chi^2	1 886.69	1 943.49	1 888.19
Pseudo R^2	0.6403	0.6595	0.6408

注：括号内为*z*值，***、**、*分别表示在1%、5%与10%的统计水平上显著。

（三）改变样本区间

考虑到2020—2021年，样本企业的经营生产与偿债能力均受到疫情影响，仅对2014—2019年样本进行回归，样本数量为6 771，回归结果见表5-12。可见，*Implicit*系数在3个模型中均显著为正，支持假设H1b。列（2）中，政府隐性担保与十大会计师事务所的交乘项*Implicit×BigAcct*显著为负，支持假设H2。列（3）中，政府隐性担保与十大承销商的交乘项*Implicit×BigUnd*的系数在5%的统计水平上显著为负，支持了假设H3，即十大承销商在2014—2019年发挥了一定作用，弱化了政府隐性担保对企业债务违约的影响，降低了企业的债务违约风险。

表5-12 **改变样本区间的回归结果**

变量	(1)	(2)	(3)
	Default	Default	Default
Implicit	14.091**	20.786***	17.978***
	(2.54)	(3.44)	(3.07)
Implicit×BigAcct		−45.269*	
		(−1.75)	

续表

变量	（1）	（2）	（3）
	Default	*Default*	*Default*
BigAccounting		2.223	
		（0.86）	
Implicit×BigUnd			−21.364**
			（−2.26）
BigUnderwriter			3.157***
			（2.70）
Debt	0.111***	0.120***	0.116***
	（8.89）	（8.95）	（9.03）
Cover	−0.068***	−0.069***	−0.066***
	（−9.65）	（−9.35）	（−9.41）
Massets	−0.829***	−0.871***	−0.861***
	（−7.69）	（−7.77）	（−7.88）
Growth	−0.027***	−0.027***	−0.026***
	（−8.63）	（−8.40）	（−8.27）
Cash	−2.427***	−2.178***	−2.110**
	（−2.98）	（−2.60）	（−2.57）
Liquidity	−0.777***	−1.021***	−0.765**
	（−2.61）	（−3.19）	（−2.56）
Interest	0.849***	0.795***	0.874***
	（7.16）	（6.42）	（7.21）
Balance	0.008	−0.003	0.010
	（0.39）	（−0.15）	（0.51）

续表

变量	(1)	(2)	(3)
	Default	*Default*	*Default*
Deficit	-0.000	-0.000	-0.000
	(-0.33)	(-0.50)	(-0.29)
GovFirm	0.128	0.209	0.176
	(0.58)	(0.84)	(0.79)
Market	-0.266	-0.272	-0.301*
	(-1.50)	(-1.40)	(-1.68)
Fund	-5.073***	-4.977***	-4.807***
	(-3.35)	(-3.19)	(-3.11)
M2	5.932**	6.324**	5.661*
	(2.11)	(2.18)	(1.94)
Constant	-36.081	-43.906	-36.515
	(-1.37)	(-1.62)	(-1.34)
N	6 771	6 771	6 771
LR chi^2	1 886.69	1 943.49	1 888.19
Pseudo R^2	0.6403	0.6595	0.6408

注：括号内为z值，***、**、*分别表示在1%、5%与10%的统计水平上显著。

四、异质性分析

（一）产权性质

为了检验企业产权性质差异对信用债违约的影响，本章依据企业性质将样本划分为国有企业组和非国有企业组，样本量分别为11 085

和1 105，国有企业信用债占样本的90.9%。按照产权性质分组回归的结果见表5-13列（1）和列（2）。*Implicit*系数在国有企业组为28.717，在1%的统计水平上显著，而非国有企业*Implicit*系数为正但不显著。结果表明，相对于非国有企业，政府隐性担保对国有企业信用债违约的影响更显著，政府隐性担保加大了国有企业的债务违约风险。可能的原因是隐性担保加剧了国有企业的道德风险，使得国有企业在投融资方面更加冒险。相反，非国有企业由于与政府的联系较弱，缺乏隐性担保预期，因此对其违约风险影响不显著。

表5-13 **异质性分组检验的Logit回归结果**

变量	(1) 国有	(2) 非国有	(3) 上市	(4) 非上市	(5) 市场环境好	(6) 市场环境差
	Default	*Default*	*Default*	*Default*	*Default*	*Default*
Implicit	28.717**	4.085	3.416	19.459***	20.555***	67.103***
	(2.55)	(0.70)	(0.56)	(2.94)	(3.32)	(5.05)
Debt	0.148***	0.044***	0.050***	0.124***	0.087***	0.086***
	(7.31)	(3.55)	(5.18)	(6.69)	(5.96)	(6.24)
Cover	−0.047***	−0.154	−0.038	−0.071***	−0.072***	−0.287***
	(−6.78)	(−0.92)	(−1.37)	(−5.07)	(−5.75)	(−3.31)
Massets	−0.648***	−1.005***	−1.195***	−0.613***	−1.321***	−0.555***
	(−3.53)	(−7.02)	(−7.13)	(−4.63)	(−9.87)	(−5.03)
Growth	−0.015***	−0.017***	−0.016**	−0.030***	−0.018***	−0.038***
	(−6.54)	(−2.88)	(−2.38)	(−3.98)	(−3.86)	(−4.71)
Cash	0.807	−1.608	0.629	−4.389*	−0.675	−0.550
	(1.09)	(−0.47)	(0.76)	(−1.93)	(−0.69)	(−0.59)
Liquidity	−0.472	0.015	0.047	0.260***	−1.382***	0.145***
	(−0.90)	(0.24)	(0.78)	(2.65)	(−5.87)	(3.60)

续表

变量	(1) 国有	(2) 非国有	(3) 上市	(4) 非上市	(5) 市场环境好	(6) 市场环境差
	Default	*Default*	*Default*	*Default*	*Default*	*Default*
Interest	1.240***	0.098	1.038***	1.136***	1.079***	0.899***
	(3.60)	(0.61)	(6.41)	(7.97)	(8.15)	(5.70)
Balance	-0.014	0.045**	0.075***	0.015	0.044***	0.048***
	(-0.27)	(2.34)	(5.60)	(1.05)	(3.26)	(2.59)
Deficit	-0.000	0.000	0.000	-0.000	-0.001***	-0.000
	(-0.80)	(1.14)	(1.29)	(-1.35)	(-3.38)	(-0.67)
GovFirm	0.057	0.594	0.376	-0.012	1.238**	-0.241
	(0.19)	(1.60)	(1.22)	(-0.03)	(2.56)	(-1.01)
Market	-0.454	-0.664***	-0.587***	0.126	-1.065***	0.367
	(-1.43)	(-3.03)	(-3.34)	(0.43)	(-3.67)	(1.44)
Fund	-3.949*	-11.528***	-14.519***	-4.300***	-17.225***	-3.872**
	(-1.68)	(-4.39)	(-3.98)	(-3.20)	(-4.60)	(-2.44)
M2	5.589	33.756***	41.468***	6.735**	49.321***	7.820*
	(1.18)	(4.67)	(3.83)	(1.97)	(4.59)	(1.80)
Constant	-53.141	-344.839***	-425.840***	-65.398*	-514.300***	-87.374*
	(-1.23)	(-4.74)	(-3.83)	(-1.75)	(-4.69)	(-1.87)
N	11 085	1 105	1 198	10 992	6 636	5 554
组间差异*p*值	0.0519		0.0748		0.0015	

注：括号内为*z*值，***、**、*分别表示在1%、5%与10%的统计水平上显著。

（二）上市属性

为了检验企业是否上市对信用债违约的影响，本章依据企业是否为上市公司将样本划分为上市公司组和非上市公司组，样本量分别为1 198个和10 992个，上市企业信用债仅占样本的9.83%。按照上市属性分组回归的结果见表5-13列（3）和列（4）。*Implicit*系数在上市企业组为正，但不显著。而非上市企业组*Implicit*系数为19.459，且在1%的统计水平上显著。结果表明，相对于上市企业，政府隐性担保对非上市企业信用债违约的影响更显著，政府隐性担保加大了非上市企业的债务违约风险。可能的原因是，与上市企业相比，非上市企业的财务状况、经营信息和治理结构往往不够透明，外部监督和市场约束也较弱。由于政府隐性担保的存在，这些企业可能会利用信息不对称来掩盖其财务风险，从而加大了债务违约的可能性。

（三）市场环境

为了检验不同企业所在地市场环境对信用债违约的影响，参考樊纲指数，本章依据企业所在省份市场中介组织的发育和法律制度环境指数的年度均值将样本划分为地区市场环境较好和地区市场环境较差的企业组，样本量分别为6 636和5 554，地区市场环境较好的企业占样本的54.4%。按照市场环境分组回归的结果见表5-13列（5）和列（6）。*Implicit*系数在两组中均显著为正。但组间差异系数P值为0.0015，说明两组间*Implicit*系数存在显著性差异。*Implicit*系数在市场环境较差的企业组中为67.103，显著高于市场环境较好的企业组系数20.555，表明相对于市场环境较好的企业，政府隐性担保对市场中介组织的发育和法律制度环境差的企业债违约风险的影响更大。可能的原因是，由于信息不对称严重、道德风险加剧、中介组织的监督以及法律制度不完善等因素共同作用，政府隐性担保在市场环境较差的情况下，进一步增加了企业债务违约的可能性。

第五节　结论与启示

本章以2014—2021年中国债券市场发行的信用债及其发行主体为研究对象，建立了Logit回归模型，检验政府隐性担保对企业信用债违约行为的影响，并分析了政府与市场力量互动效应如何影响企业信用债违约风险。本章还探讨了政府隐性担保与企业信用债违约的关系在产权性质、上市属性以及市场环境方面存在的异质性差异。研究结果揭示了政府、市场力量和企业共同影响信用债违约的作用机制。

本章得到的研究结论如下：

第一，政府隐性担保对企业信用债违约有显著的正向影响。企业对政府隐性担保的预期，加剧了企业的债务违约风险，即政府隐性担保强度越大，企业的债务违约风险越高。

第二，以会计师事务所为代表的市场力量能够对政府隐性担保与信用债违约之间的关系起到缓解作用。在政府隐性担保提高信用债违约概率的情况下，高质量的审计能够降低信用债违约风险，发挥了中介机构看门人的作用。但是，以承销商为代表的市场力量未能表现出显著的调节作用。

第三，政府隐性担保对信用债违约的正向影响，在国有企业、非上市公司和市场中介组织的发育和法律制度环境较好的地区表现得更为显著，表明政府隐性担保为国有企业、非上市公司和市场环境较差的企业带来了更多的道德风险。

根据以上研究结论，我们提出以下三点建议：

第一，要打破市场与企业对政府隐性担保的依赖预期，推动市场机制的有效运行。通过引导企业更加理性地进行投融资决策，避免过度负债和盲目扩张，进而降低企业的违约风险，维护信用债市场的健康发展。

第二，持续提升市场中介机构的执业水平，尤其是证券承销商，确保其专业能力与市场声誉相匹配。中介机构应充分发挥资本市场“看门人”的作用，从严把控资本市场的入口环节，认真履行中介责任，规范市场行为。同时，应不断完善中介机构的质量控制功能，加强投资者保护与风险防范，为市场的稳健发展提供保障。

第三，正确引导国有企业和非上市公司，降低企业的道德风险。通过完善市场中介组织的发展和法律制度环境，促使企业行为更加合规，减少因道德风险而引发的违约事件，助力市场的长期稳定和健康发展。

第六章　贷款利率市场化对企业债务违约风险的影响

第一节　问题的提出

中国的第一只可转债于1992年11月问世，从此开启了中国信用债市场的建设。信用债的数量和规模占比逐年升高，由于发行主体受各种因素的影响，加上信用债缺乏政府的背书，债券的发行和履行存在风险。在我国，政府往往会尽力阻止违约的发生。直到2014年“11超日债”背约，不能按期付息，打破了以往债券刚性兑付的历史。随着国家经济政策的调整，金融市场的变动，供给侧结构性改革的推进，以及利率市场化推进带来的连环效应，违约事件层出不穷，信用债违约出现常态化趋势。

自1993年起，商业银行获准在规定范围内自由浮动存贷款利率。随后，2004年10月，人民币贷款利率上限完全放开；2013年7月，央行取消了金融机构贷款利率的最低限制。以上措施在银行业利率市场化方面发挥了积极的推动作用。取消存贷款利率管制在利率市场化进程中具有里程碑的意义。放开管制后，利率对经济环境的变化更加敏感多变，商业银行调整利率定价，会影响企业融资，引发债券市场波动。同时，这种信号也会改变投资者对经济未来的预期。

利率市场化和债券市场是相互依存、互相影响的。一方面，债券市场的发展促进了利率市场化的推进；另一方面，利率市场化的进展也推动了债券市场的发展。两者共同构成了金融市场中不可或缺的重要组成部分。因此引申出本章的研究主题：贷款利率市场化对企业债务违约风险的影响。在当前经济环境下，探究二者之间的关系已然成为我国金融领域亟待解决的问题。中央推进经济结构转型升级的力度越来越大，地方也加强了对信用债发行监管的规范。本章旨在通过研究贷款利率市场化对信用债违约风险的影响，丰富现有贷款利率市场化的理论研究内容，为解决相关问题提供一定的启示。同时为维护金融市场持续健康发展，为应对复杂的金融形势提供一定决策依据。

第二节　相关文献与研究假设

一、相关文献

贷款利率市场化是指将贷款利率的形成机制从政府干预转变为由市场供求关系决定。政府和中央人民银行指导设定的固定利率制度容易引起信贷资源配置不合理或供需不匹配，还有可能出现贷款利率偏低或偏高的情况，容易造成金融市场混乱。贷款利率市场化能够实现市场资源调控最大化，银行可以根据市场情况自主调整利率，这对金融市场健康发展起了重要的作用。

利率市场化作为金融改革的重要一环，在社会主义市场经济发展中发挥不可替代的作用，是我国市场优化资源配置，走向开放的必然选择。学术界也针对这一热点问题，进行了有关贷款利率市场化的经济后果研究。在宏观环境方面，研究发现利率市场化导致正规市场的融资成本上升，而非正规市场的融资成本下降（纪洋、谭语嫣、黄益平，2016）。利率市场化改革冲击能引导存贷款利率变动，刺激资金配置效率，使得住房贷款市场竞争更加激烈（王宁远、刘一楠，2021），影响居民收入分配（段梦、娄峰，2022）。贷款市场竞争相比存款市场更能激励银行冒险行为，银行对其敏感性也随之减弱（江曙霞、刘忠璐，2016）。利率自由化不仅稳步推进利率市场化改革，为金融市场健康发展保驾护航，还为商业银行提供更大的经营空间以及释放更多的发展主动权（Cui，2021）。在企业行为方面，研究发现银行放松管制有利于企业创新性发展（Cornaggia et al.，2015；卢垚、项后军，2021；武晨、王可第，2022），提升了企业全要素生产率（吴静桦等，2021）。在贷款利率市场化的进程里，原有投资较少的企业会提高投资意愿，并且企业更青睐于长期投资（黄贤环、姚荣荣，2021）。贷款利率下限放开后，企业庞氏融资次数减少（汪金祥等，2021），享有政府背书的国有企业进一步提高了融资能力，并对民营企业产生挤出效应（吕晓军、陈松、王红建，2021）。部分学者也认为贷款利率市场化后，利率受市场波动大，具有不确定性。周先平等（2021）统计不同省份贷款利率对基准利率的反映幅度发现，当贷款利率上浮超出合理区间，企业融资受限，产生约束作用。

关于信用债违约风险的影响因素，学者们从发行企业的内部和外部两个大方向进行了研究。从企业内部来看，在发债主体方面，认为企业通过技术革新，提高自身创新能力（Hsu，2015），良好的企业信誉（Li，Zhou，and Xiong，2020），企业的信息质量和完整性（Fernando，Li，and Hou，2020）均能减少企业债务违约的可能性。而高杠杆率的企业，债务违约率也越高（孙立行、吴雄剑、唐逸舟，2021）。此外，企业独董数量和占比（窦超等，2022）以及“人”的在企业内部控制中的重要性和能动性（张兴亮、尹启华，2022），能够降低债券违约率。在企业外部因素方面，经济增长率（Schmid，2014），金融周期和全要素生产率（罗朝阳、李雪松，2020），债券市场流动性（Javadi and Mollagholamali，2018），分析师的数量和水平（胡书雅、毕鹏，2019），金融生态环境中经济指标的变动（刘澜飚，2020），政府隐性担保（李阳蓝，2017）和政府干预（狄灵瑜、步丹璐，2019）均会不同程度上影响企业的债务违约概率。

综上所述，当前贷款利率市场化对企业融资影响方面的研究较多，对企业债务风险层面关注较少。而对企业债务违约风险的影响因素研究，鲜少关注具体的利率政策。故而引出本章的研究方向：贷款利率市场化对信用债违约风险的影响研究。

二、研究假设

我国利率市场化是一个自上而下、逐步铺开的过程。2004年10月放开贷款利率的上限，到2013年7月，基本打破贷款利率下限。本章的研究对象是开放贷款利率下限对信用债违约的影响，以及开放贷款利率下限具体怎样影响信用债违约风险的机制路径。

放开贷款利率下限能够促进资金市场的有效性，从而降低信用债违约风险。

首先，根据利率传导机制理论（Keynes，1936），金融机构的利率设定直接影响银行的贷款和存款利率，进而影响了实体经济的产出和投资。利率过低时，银行的放贷利润跟着降低；然而利率过高时，求额借款成本有可能过高，导致借款人无法承受利息的压力，这将会增加借款人的违约风险。利率下限调整，则借款人的还款意愿和还款能力将增强，违约风险也会降低。放开贷款利率下限意味着外部市场利率的变化，从而促进了市场的流动性和效率，银行会获得更好的贷款利润，发贷积极性和意愿将会增强。在过去，中国央行对商业银行存款利率和贷款利率都进行了限制。但是，这种控制导致了银行的贷款利润空间缩小，使得银行倾向于只向信誉良好且有抵押品的借款人放贷。而对于小微企业来说，由于难以提供足够的抵押品，致使他们不能获得足够的资金，从而使其经营陷入困难。放开贷款利率下限，银行的利润空间扩大的同时，将会更倾向于向小微企业放贷，由此减少了小微企业破产清算的可能。

其次，放开贷款利率下限可以影响金融市场和银行间的竞争与协作，提高金融机构的风险管理水平，从而降低企业债务违约风险。研究表明，放松下限管制后，商业银行间的竞争更加激烈，银行不得不降低融资价格来争夺信用评级更高的高评分企业，企业融资成本下降，获得更多信贷资金（Rice and Stranlan，2010）。同时，更多的竞争将鼓励银行之间进行协作，以提高整个金融市场的绩效，其中包括更好的贷款审核和监管流程。放开贷款利率下限将为银行和实体经济之间的融资提供更大的灵活性和协作机会，从而更好地推动实体经济发展（李波、朱太辉，2020）。

根据上述分析，提出本章假设：

H1：放开贷款利率下限能够降低企业债务违约风险。

融资约束会限制企业的资本支出和投资行为。融资难度的加大会限制企业的融资渠道，导致企业资金紧张，从而增加财务和经营风险。如果贷款利率下限不放开，可能导致融资约束现象的严重化，企业面临着更大的财务压力。研究发现宽松的货币政策能够有效地优化企业的金融生态环境，促使企业扩大投资，通过减少对公司投资的内生现金流量的依赖来减轻公司的融资约束（黄志忠、谢军，2013）。我国的金融改革发展对民营企业的融资困境起到了一定的缓解作用（黄远标、沈亦凡，2022）。融资约束对企业的影响是一个复杂的过程，融资约束的放松能够改善企业的信用环境，增加企业在资本市场融资的灵活性，增加企业在融资市场上的融资机会，帮助企业更容易获得外部资金，进而缓解企业资金短缺问题。融资约束放松还可以促进企业的技术创新，让企业能够更加关注并投入研发活动，增强其在市场上的竞争能力。此外，当融资约束被放宽时，银行和其他金融机构会更愿意向企业提供贷款，信贷供给量增加，更多的小型和中型企业获得融资服务，从而明显改善企业运营环境，促进企业的健康发展，提高金融市场的稳定性。根据上述分析，提出本章的假设：

H2：贷款利率下限放开通过缓解企业融资约束，进而降低企业债务违约风险。

第三节　研究设计

一、样本选择与资料来源

本章以2009—2021年全部A股上市公司为样本，并对其进行了如下处理：①剔除ST、*ST、PT的公司样本；②剔除金融行业样本；③剔除存在缺失值的样本，共获取31 719个观测值。为防止极端值影响，对数据作了上下1%的Winsorize处理。研究数据主要来自国泰安数据库（CSMAR）。

二、变量定义

（一）被解释变量

本章借鉴Altman（1968）的研究，选用多元统计法，构建具备5个不同维度变量的财务指标基本架构，借助5个指标展开计算，最后取得Z值量化企业信用债违约风险。其计算公式如（6-1）所示：

$$Z = 0.012X_1 + 0.014X_2 + 0.033X_3 + 0.006X_4 + 0.999X_5 \tag{6-1}$$

其中：X_1代表的是净运营资本与资产总额的比例；X_2代表的是留存收益与资产总额的比例；X_3代表的是息税前收益与资产总额的比例；X_4代表的是权益价值与总负债的比例；X_5代表的是销售额与资产总额的比例，Z值是一个负向指标，通常用于反映企业财务状况是否良好，其含义是数值越小，企业遇到财务困境的程度越大（李建军、韩珣，2019）。

（二）解释变量

考虑到基准利率由央行确定，受到多种因素影响，与真实利率存在偏差，且贷款利率市场化是本章的解释变量，因此在现有的度量方式中选择虚拟变量法进行度量贷款利率市场化。由于政府与国有企业更加密切，有着隐性担保的效果，所以贷款利率市场化的作用在非国有企业上更突出一些，因此本章采用双重差分模型，设立虚拟变量*SOE*来划分处理组样本和控制组：当样本为非国有企业时，*SOE*取值为1，否则为0。同时，设立时间虚拟变量*Post*，2013年前取值为0，2013年后取值为1。

（三）中介变量

为了研究开放贷款利率下限具体如何影响信用债违约风险的机制路径。本章使用融资约束作为中介变量，进行实证检验和理论分析。构建*SA*指数衡量企业年度的融资约束程度Hadlock和Pierce（2010），具体计算方式为：

$$-0.737 \times Size + 0.043 \times Size^2 - 0.040 \times Age^2$$

该指数的取值范围是0~1，在此区间内，该指数的值越高，说明企业遭遇的融资约束问题越严峻。

（四）控制变量

本章选取企业规模、企业年龄、财务杠杆、盈利能力、成长能力、第一大股东持股比例、流动比率、债务担保能力等作为控制变量。具体变量定义见表6-1。

三、模型设定

参考王红建等（2018）研究方法，设定双重差分模型（6-2）来检验贷款利率市场化对债务违约风险的影响，

$$Zscore_{i,t}=\alpha_0+\alpha_1 Post\times SOE_{i,t}+\alpha_2 Controls_{i,t}+Year_t+\mu_t+\lambda_i+\varepsilon_{i,t} \quad (6\text{-}2)$$

表6-1 **变量定义与说明**

变量类型	变量名称	变量符号	变量说明
被解释变量	债务违约风险	*Zscore*	采用Altman（1968）构建的模型进行计算，*Zscore*越大说明债务违约风险越低
解释变量	贷款利率市场化冲击变量	*Post×SOE*	在贷款利率市场化政策是实施前，即2013年前*Post*为0，实施后，即2013年后为1；非国企*SOE*为1，国企为0
中介变量	融资约束	*FC*	*SA*指数
控制变量	企业规模	*Size*	ln（年末总资产）
	企业年龄	*Age*	ln（观测年份-企业注册年份）
	财务杠杆	*Lev*	总负债/总资产
	盈利能力	*ROA*	净利润/总资产
	成长能力	*Growth*	主营业务收入增长率
	第一大股东持股比例	*Top*1	第一大股东持股数量/总股数
	流动比率	*Una*	流动资产/流动负债
	债务担保能力	*Bdebt*	固定资产净额/资产总额

当交乘项$Post \times SOE_{i,t}$为非国有企业在2013年及之后的年份时，取值为1，否则为0。系数α_1代表政策对处理组的影响效应。由于*Zscore*越大，表明违约风险越小，那么若α_1大于0则能表明，相对于国有企业，贷款利率市场化对非国有企业债务违约风险具有缓解作用。此外，$Controls_{i,t}$为所有控制变量，λ_i代表公司个体固定效应，μ_t代表时间固定效应，$\varepsilon_{i,t}$代表随机扰动项。

为了考察融资约束的中介效应，参考温忠麟（2014）的中介效应检验方法，以中介变量*FC*为被解释变量，进行机制检验，模型见（6-3）和模型（6-4）：

$$FC_{i,t}=\beta_0+\beta_1 Post\times SOE_{i,t}+\beta_2 Controls_{i,t}+Year_t+\mu_t+\lambda_i+\varepsilon_{i,t} \quad (6-3)$$

$$Zscore_{i,t}=\gamma_0+\gamma_1 Post\times SOE_{i,t}+\gamma_3 FC_{i,t}+\gamma_4 Controls_{i,t}+Year_t+\mu_t+\lambda_i+\varepsilon_{i,t} \quad (6-4)$$

第四节　实证结果分析

一、描述性统计

各变量的描述性统计分析结果见表6-2。根据Altman（1968），企业出现财务危机的临界点是1.81，当*Zscore*值大于2.67时，企业财务状况健康，债务违约的可能性较低，而研究样本中*Zscore*的均值和中位数分别为4.973和3.108，说明超过一半的企业财务状况健康，有1/4的公司财务状况差。*Zscore*的标准差为5.871，表明样本企业财务状况存在较大的差异。在控制变量方面，企业规模以中小型为主，有相当数量的公司处于高度杠杆化状态，部分公司的债务担保能力较弱，而另外一些公司的债务担保能力则较强。

二、基准回归分析

本章根据模型（6-1），考察贷款利率市场化政策对企业债务违约风险的影响，回归结果见表6-3。列（1）仅对个体和年份固定效应进行了控制，并利用个体层面聚类处理方法进行分析。*Post×SOE*不加控制变量时系数为0.345且在5%的统计水平上显著，表明放开贷款利率下限可以降低企业债务违约风险。列（2）在列（1）的基础上进一步加入控制变量，*Post×SOE*的系数为1.298，在1%水平上显著，说明假设H1成立，贷款利率下限限制的放开能有效降低企业债务违约风险。放宽贷款利率下限管制后，商业银行之间的竞争变得更加激烈。银行通过

表6-2　　各变量描述性统计结果

变量	样本数	均值	标准差	最小值	最大值
Zscore	31 719	4.973	5.871	0.086	37.661
Post×SOE	31 719	0.518	0.599	0.000	1.000
FC	31 719	0.482	0.278	0.000	0.987
Size	31 719	3.790	1.305	0.629	7.689
Age	31 719	2.862	0.330	1.792	3.555
Lev	31 719	0.433	0.207	0.049	0.973
ROA	31 719	0.036	0.066	−0.328	0.217
Growth	31 719	0.186	0.467	−0.643	3.520
*TOP*1	31 719	0.345	0.149	0.086	0.751
Una	31 719	2.394	2.508	0.268	18.075
Bdebt	31 719	0.216	0.162	0.002	0.699

降低融资利率来获取更多企业贷款，降低了企业的融资成本，帮助企业获得更多的资金用于自身发展。此外，贷款利率下限的放开还可以促进金融市场的竞争，使得金融机构更倾向于向信用良好的企业提供贷款，这也有助于降低债务违约的风险。

表6-3　　贷款利率市场化影响企业债务违约风险的基准回归分析结果

变量	(1)	(2)
	Zscore	*Zscore*
Post×SOE	0.345**	1.298***
	(2.47)	(11.06)
Size		−1.222***
		(−12.91)

续表

变量	(1)	(2)
	Zscore	Zscore
Age		4.131***
		(7.49)
Lev		-5.963***
		(-14.79)
Una		0.820***
		(21.69)
ROA		9.452***
		(15.61)
Growth		-0.004
		(-0.07)
TOP1		-2.287***
		(-5.17)
Bdebt		1.760***
		(4.10)
Constant	4.794***	-2.205
	(66.32)	(-1.36)
个体固定效应	控制	控制
年份固定效应	控制	控制
N	31 719	31 719
Adj-R^2	0.663	0.763

注：括号内为稳健t值，***、**、*分别表示在1%、5%与10%的统计水平上显著。

三、机制检验

以融资约束FC为中介变量进行机制检验，回归分析结果见表6-4。列（1）中*Post*×*SOE*系数为-0.013显著为负，说明该政策的实施降低了企业的融资约束，缓解了企业融资困境；列（2）将融资约束加入到主回归中，结果显示*Post*×*SOE*系数显著为正，与*FC*系数显著为负，说明企业面临的融资约束越高，其债务违约风险越高，而该政策的实施通过降低了融资约束而降低了企业的债务违约风险。因此贷款利率下限管制的放开之所以能显著减少信用债违约的风险，其中重要的中介路径即为降低企业融资约束，假设H2成立。

表6-4　　融资约束的中介作用机制分析结果

变量	（1）	（2）
	FC	*Zscore*
Post×*SOE*	-0.013***	1.147***
	（-3.20）	（10.17）
FC		-5.509***
		（-14.84）
Size	-0.153***	-2.057***
	（-36.54）	（-17.00）
Age	-0.137***	2.918***
	（-6.72）	（5.45）
Lev	-0.345***	-7.755***
	（-20.73）	（-18.33）
Una	0.002***	0.861***
	（2.87）	（22.13）

续表

变量	(1)	(2)
	FC	*Zscore*
ROA	0.243***	10.628***
	(10.60)	(18.01)
Growth	0.002	−0.003
	(1.01)	(−0.05)
*TOP*1	0.083***	−1.825***
	(4.45)	(−4.14)
Bdebt	−0.033*	1.348***
	(−1.80)	(3.26)
Constant	1.580***	7.782***
	(26.91)	(4.64)
个体固定效应	控制	控制
年份固定效应	控制	控制
N	30 969	30 969
$Adj\text{-}R^2$	0.878	0.777

注：括号内为稳健 t 值，***、**、*分别表示在 1%、5% 与 10% 的统计水平上显著。

四、稳健性检验

下面将对假设 H1 以及假设 H2 进行一系列稳健性检验，以确保研究结果的可靠性和稳定性。

（一）平行趋势检验

如图6-1所示，为了避免多重共线性，删去政策开始实施前一期，验证平行趋势假设。政策冲击年份为current，可见在政策冲击前年份的回归系数并不显著异于0，且有的年份债务违约风险显著提高。但在政策冲击当期之后的年份，债务违约风险均显著降低，平行趋势检验通过，其中*d*2期尤其显著可能是由于当年为2015年，存款利率上限放开的影响导致的。

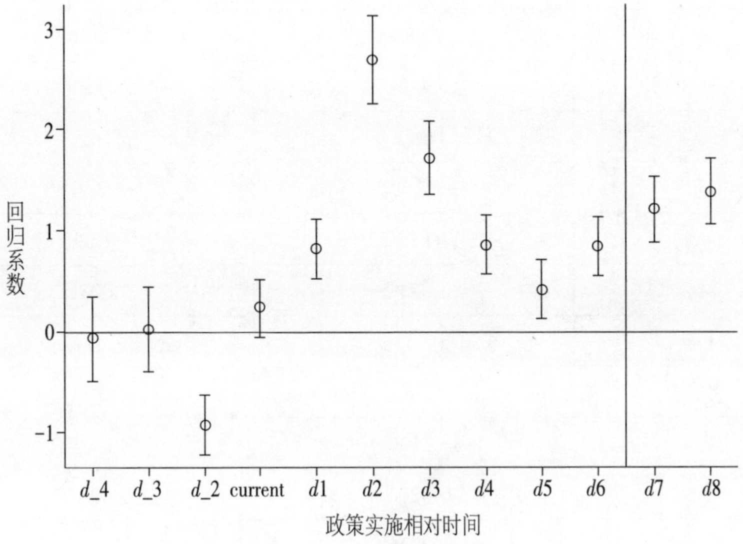

图6-1 平行趋势检验

（二）排除其他政策影响

由于存款利率上限的开放也可能会降低企业信用债违约风险，且存款利率上限的开放时间为2015年，正处于本章样本期间内，可能对本章研究结果造成影响。因此为排除该政策对本章结果的影响，生成存款利率上限开放的虚拟变量*Post*×*SOE*2（*SOE*依旧为处理组和对照组，*Post*2为时间虚拟变量，2015年前取0，2015年后取1），并加入到控制变量中重新进行回归，回归结果见表6-5。如列（1）所示，*Post×SOE*系数依旧在1%水平上显著为正，证明排除该政策影响后，本章研究的贷款利率上下限开放依旧显著降低了企业债务违约风险。

表6-5　　排除其他政策影响和时间趋势的回归结果

变量	（1） 排除其他政策影响	（2） 时间趋势
	Zscore	*Zscore*
Post×SOE	0.701***	1.696***
	（5.85）	（15.28）
Post×SOE2	0.783***	
	（6.27）	
Size	−1.249***	−1.230***
	（−13.07）	（−12.98）
Age	4.021***	4.007***
	（7.31）	（7.47）
Lev	−5.985***	−5.993***
	（−14.80）	（−14.59）
Una	0.826***	0.806***
	（21.76）	（21.06）
ROA	9.539***	9.567***
	（15.81）	（15.53）
Growth	0.002	0.041
	（0.03）	（0.76）
TOP1	−2.124***	−2.788***
	（−4.75）	（−6.24）
Bdebt	1.788***	2.115***
	（4.17）	（4.80）

续表

变量	(1) 排除其他政策影响	(2) 时间趋势
	Zscore	*Zscore*
c.Year		-0.134^{***}
		(−4.25)
Constant	−1.888	267.768^{***}
	(−1.17)	(4.32)
个体固定效应	控制	控制
年份固定效应	控制	控制
N	31 719	31 719
$Adj\text{-}R^2$	0.764	0.742

注：括号内为稳健*t*值，***、**、*分别表示在1%、5%与10%的统计水平上显著。

（三）排除时间趋势影响

为了控制宏观经济趋势的影响，借鉴陆瑶等（2017）、顾夏铭等（2018）的思路，将基准回归模型的时间虚拟变量替换为时间趋势变量重新进行回归，结果见表6-5列（2），*Post×SOE*依旧在1%水平上显著为正，说明本章结果稳健。

（四）中介变量的稳健性检验

为了检验假设H2是否具有稳健性，采用缩小样本法进行稳健性检验，具体回归结果见表6-6。在列（1）中，中介变量融资*FC*和核心解释变量*Post×SOE*在1%的显著性水平上显著负相关，说明该政策的实施降低了企业的融资约束，缓解了企业融资困境。在列（2）中，加入中介变量融资约束*FC*后，核心解释变量*Post×SOE*的回归系数为正，且解释变量的显著性增强，说明企业面临的融资约束越高，其债务违约风险越高，而该政策的实施通过降低了融资约束而降低了企业的债务违约风险。该结论与假设H2的结果一致，因此假设H2通过了稳健性检验。

表6-6 **融资约束中介变量的稳健性检验结果**

变量	(1)	(2)
	FC	*Zscore*
Post×SOE	-0.016^{***}	1.460^{***}
	(−3.44)	(12.29)
FC		-5.733^{***}
		(−14.50)
Size	-0.153^{***}	-2.057^{***}
	(−27.29)	(−15.69)
Age	-0.203^{***}	3.369^{***}
	(−7.28)	(5.28)
Lev	-0.414^{***}	-8.058^{***}
	(−20.63)	(−16.40)
Una	0.003^{***}	0.842^{***}
	(3.65)	(20.21)
ROA	0.122^{***}	9.572^{***}
	(4.77)	(15.89)
Growth	0.002	−0.058
	(0.96)	(−0.95)
Bdebt	-0.042^{**}	1.414^{***}
	(−1.98)	(3.03)
*Top*1	0.082^{***}	-1.482^{***}
	(3.60)	(−2.94)

续表

变量	(1)	(2)
	FC	*Zscore*
Constant	1.780***	6.789***
	(22.16)	(3.36)
个体固定效应	控制	控制
年份固定效应	控制	控制
N	24 721	24 721
$Adj\text{-}R^2$	0.887	0.782

注：括号内为稳健*t*值，***、**、*分别表示在1%、5%与10%的统计水平上显著。

五、异质性分析

为了检验在不同条件下该政策的实施效果，根据企业内部控制质量的高低进行了异质性检验。按照迪博内控指数的中位数对样本进行分组，把高于中位数组作为内部控制高质量组，低于中位数为内部控制低质量组，进一步进行分组回归。结果见表6-7，两组中解释变量*Post×SOE*均显著为正，但在内部控制低质量组系数稍大于高质量组，因此我们进一步进行组间系数差异检验，结果为0.511显著为正，可以证明分组回归具有明显差异。相较于内部控制高质量组，该政策的实施对于企业债务违约风险的降低在内部控制低组更为显著。这是由于内部控制好的企业本身债务违约风险就比较低，因此进一步降低的空间有限，而内部控制低质量组本身面临的债务违约风险较高，因此降低效果明显。

表6-7 **内部控制质量异质性检验结果**

变量	(1) 内部控制低质量	(2) 内部控制高质量
	Zscore	*Zscore*
Post×SOE	1.611***	1.100***
	(8.54)	(5.66)
Size	−1.785***	−1.177***
	(−10.38)	(−7.79)
Age	5.703***	1.807**
	(5.04)	(2.10)
Lev	−7.858***	−4.031***
	(−10.19)	(−6.44)
Una	0.784***	0.767***
	(11.32)	(10.59)
ROA	8.149***	12.703***
	(6.28)	(11.70)
Growth	−0.170	0.050
	(−1.48)	(0.65)
*TOP*1	−1.446*	−2.155***
	(−1.70)	(−3.71)
Bdebt	2.287***	0.525
	(3.31)	(0.83)
Constant	−3.919	4.283
	(−1.19)	(1.61)
个体固定效应	控制	控制
年份固定效应	控制	控制
N	9 191	9 094
$Adj\text{-}R^2$	0.780	0.846

注：括号内为稳健*t*值，***、**、*分别表示在1%、5%与10%的统计水平上显著。

第五节　结论与启示

本章以2009—2021年全部A股上市公司为研究对象，运用双重差分法考察了贷款利率放开下限对企业债务违约风险的影响，同时本章重点在于通过中介检验和异质性检验，进一步探索放开贷款利率下限是如何影响债务违约风险的机制路径。最后得到以下研究结论：

第一，贷款利率市场化的过程中，放开下限管制，降低贷款利率，对企业债务违约风险起到抑制作用，能够明显降低债务违约风险。

第二，探究影响的作用机制发现，放开贷款利率下限通过降低融资约束这一中间渠道，提高企业信贷能力，进而减少债务违约的可能。

第三，为了研究不同条件下该政策的实施效果，依据企业内部控制质量的高低进行分组检验。研究发现，相比内部控制好的企业，内部控制差的企业受到政策影响的程度更深，降低风险效果更显著。

我国贷款利率市场化改革取得了一定的成果，但利率市场化仍在继续，虽然改革在深入推进，但仍有一些问题亟待解决。考虑到利率的传导机制，受到影响的主体众多，因此，本章主要从政府、信用评级机构、债券监管机构、商业银行、企业五个层面给出相应的政策建议。

第一，在政府层面，政府应继续推进利率市场化的深入发展，协同并督促金融机构创新融资工具，拓宽融资的形式。同时可以建立专项小组，打破企业的信贷歧视，助推市场真正能够实现自由竞争配置资源，创造公平、公正的市场秩序。

第二，在信用评级机构层面，为了避免信用评级高于真实信用等级和信息滞后，评级机构应改良信用评级标准，充分考虑企业的财务指标、内外部环境等因素，并确保同一行业的评级标准的一致性，提高可信度、可比性和合理性；同时，科学地增加评级的次数，及时传递评级结果，加强监管，避免内部勾结，虚假评级。

第三，在债券监管机构层面，一方面，我国债券监管存在管理划分混乱的情况，统一监管标准是首要目标，要做到公平公正；另一方面，监管效果不佳，效率滞后，监管部门应定时定期汇报工作，严格履行规章制度，当出现相关问题时，应及时对第三方等机构进行问责，做到监管有力，监管及时。

第四，在商业银行层面，商业银行应创新金融服务，加大对企业融资的帮扶力度。另外商业银行对于企业信贷的发放需保持慎重的态度，重视企业的财务状况，进行风险评估，重估企业未来价值和偿债能力。

第五，在企业层面，企业内部应建立健全透明的风险管理制度，引入风险预警指标，加强财务管理和内部控制，以防止财务造假和其他违规行为。企业同时需要定期披露财务信息和业绩报告，以便信用评级机构和投资者了解其财务状况和经营状况。企业应注重现金流的管理，确保足够的流动性储备，并根据市场变化及时调整运营策略，同时加强与银行的沟通和合作，定期获取第三方评级机构出具的评级报告，了解自身信用评级情况，及时发现并解决潜在的信用风险问题。

第七章　经济政策不确定性对企业债务违约风险的影响

第一节　问题的提出

当前，全球经济变化多端，经济发展面临历史性的挑战。为了稳定国民经济，国家根据国内外形势不断调整财政政策、货币政策和产业政策（徐光伟、孙铮、刘星，2020）。虽然能够一定程度上缓解我国宏观经济的下行压力，但是经济政策不确定性的上升带来潜在的风险不容忽视。中国目前处于经济转型期，政策储备相对较少，缺乏高效的信息披露机制，微观企业难以迅速捕捉经济政策调整的作用效果。

随着资本市场结构的不断改善，以银行贷款为主的债券市场在我国的重要性日益凸显。伴随疫情的持续冲击和国外战争动荡，我国经济受到了国内外双重打压。微观企业面临融资困难、资不抵债的诸多挑战，债券违约事件越发严重。党的二十大报告明确提出“深化金融体制改革”的战略部署，旨在构建一个充满活力、规范且透明的资本市场体系，包括促进债券市场的健康稳定发展，因此分析企业债务违约风险的影响因素也成为学界的关注重点之一。

此外，在国内经济进入新常态和外部环境变化莫测的情况下，金融机构的信贷策略也会相应调整，进而可能会对企业投融资期限错配水平产生影响。然而，目前的研究鲜少将经济政策不确定性与企业债务违约风险、与企业投融资期限错配纳入统一的分析框架，因此本章在探究经济政策不确定性与企业债务违约风险的关系基础上，进一步引入企业投融资期限错配研究视角，探究经济政策不确定性对企业债务违约风险的影响机制。

现有研究大多聚焦于经济政策不确定性带来的后果，但是作为结果之一的企业债务违约风险研究相对较少，本章将两者相联系，从企业投融资期限错配这个创新视角探讨了二者的关系。此外，本章还进行了异质性检验，在企业产权性质、企业股东-债权人的冲突和区域等方面进行了分组回归，为企业债务风险治理提供了新的理论价值，为推动经济稳定健康发展，加强企业风险管理水平提供一定的现实指导。

第二节　相关文献与研究假设

一、相关文献

经济政策的不确定性（Economic Policy Uncertainty）意味着经济实体不能预知政府等机关部门是否、何时以及如何调整当前的经济策略（Gulen and Ion，2016）。经济政策不确定性会对宏观经济与微观企业产生不同程度的影响。在宏观经济的影响方面，经济环境的频繁冲击不仅会导致GDP、通货膨胀率等宏观经济变量持续波动，而且也对经济周期产生了一定的影响（马铁群，2016）。李成等（2021）发现货币政策不确定性对投资和消费的负面影响会持续较长时间，不会短时间消失。刘松林等（2020）运用FAVAR模型验证了经济政策不确定性对汇率和社会消费品零售总额会产生短期冲击。随着期数的增加，冲击力将减小。许志伟和王文甫（2018）认为经济政策不确定性程度的加深会对消费者的需求产生负面冲击。刘玲等（2021）分析了我国的投资与产出会受到国外经济政策波动的影响，且该冲击效应将因全球不确定性程度的不同而有所区别。经济政策定性影响着微观企业的诸多方面。在企业投资方面，大多数学者认为经济政策不确定性提高会使企业对投资项目变得更加谨慎。靳光辉等（2016）研究发现经济政策不确定性对企业投资的负面影响在负债规模较大的企业更显著，且该抑制效应因市场环境程度的不同而表现差异性。在复杂多变的经营环境中，企业出于保护自己的需要将增大持有的现金流量。企业发生流动性短缺的可能性会随着经济政策不确定性的提高而增大，因此企业需要持有大量的现金以应对环境的复杂变化（王红建、李青原、邢斐，2014）。这一现象在我国非国有企业更明显（张光利、钱先航、许进，2017）。在企业融资方面，高度的经济政策不确定性使投资者无法根据股票价格对未来价值进行可靠估计，降低了投资者的意愿，导致企业的融资成本显著上升（闫华红、陈亚，2019）。从资金的供给方来看，经济政策不确定性会使居民的储蓄意愿降低，导致银行等金融机构提供供给减少（田国强、李双建，2020）。在企业创新产出方面，熊凯军（2021）通过分析我国制造业企业，发现经济政策不确定性将提高企业创新能力，其原因可能在于企业关注不确定性所带来的潜在利益。曲丽娜和刘钧霆（2022）引入政府补助变量，发现政府补助在经济政策不确定性与企业创新产出之间起正向的调节作用。

外部环境的复杂多变和企业内部经营决策均对企业的债务风险产生影响。在外部因素方面，根据金融加速器理论，银行、担保类金融机构会放大、加剧流动性风险的传染效应，增大企业陷入流动性困境、遭遇财务危机波及面的可能性（谭智佳等，2022）。部分研究还发现GDP增长率、政府税收压力等宏观因素将会影响企业的债务违约风险。罗党论等（2016）发现地方政府官员的变动将对企业的经营活动产生直接或间接的影响，导致企业对未来预期模糊，损害企业的经营业绩。由于企业对经济环境的敏感度不同，外部的突发经济事件对企业债务风险管理的影响效果不同，一般来说相对于大规模企业，外部环境的剧烈变化对中小企业的债务管理产生较大的危害（黄苒、范群、郭峰，2018）。在企业自身因素方面，纪敏等（2017）研究发现当企业杠杆率较高时，实体企业部门为偿还旧债利息费用将会向银行举借新债，导致企业负债越来越多，增加了企业发生债务违约风险。从非财务特征来看，基于高阶梯队理论，过度自信的管理者将会提升企业债务违约风险（姜付秀等，2009）。钱忠华（2009）以企业的股权结构为视角，发现控股股东持股比例越大，企业发生债务违约风险的概率越小。赖黎等（2019）发现董事高管责任保险会降低管理者的试错成本，助长了企业投融资期限错配现象的发生。

关于经济政策不确定性与企业风险方面，研究发现经济政策不确定性上升时，企业具有风险规避倾向（王朝阳、张雪兰、包慧娜，2018）。为防止资金链断裂，企业倾向于持有更多现金或易变现的资产，造成企业投融资转化率和预期资本收益下降（彭俞超、何山，2020）。经济政策不确定性上升时，部分盈利能力差的企业容易出现延期偿还的现象，导致很多正常贷款变成了不良贷款。这一现象导致企业不得不使用短期贷款来支持长期项目的开发（陈志成等，2022）。崔伟等（2023）证明了经济政策不确定性对企业投融资期限错配的正向影响在非国有企业和东部企业效果更显著。

综上，在经济政策不确定性上，现有研究学者从宏微观两个层面围绕经济政策不确定性的概念以及构成、经济政策不确定性对宏观经济的影响、经济政策不确定性对微观企业的影响等方面展开了透彻的分析，为更好地理解、管理和对冲经济政策不确定引发的风险提供了理论思路。目前已有研究对经济政策不确定性如何影响债务违约风险的机制研究相对不足。鉴于此，本章在探讨经济政策的不确定性如何影响企业债务违约风险的基础上，进一步研究了企业债务违约风险的渠道，并对影响企业债务违约风险的各种因素进行了补充。

二、研究假设

从企业角度看，经济政策不确定性是企业制定财务政策时需要考虑的重要外部因素（Gulen and Ion，2016）。经济政策的波动调整将直接影响企业的经营活动，产生劳动力成本上升、金融摩擦、需求下降等一系列问题。面对经营不确定带来的挑战，企业管理者被迫改变财务政策以适应新的市场环境。然而，经济政策不确定性提高时，市场波动加剧，管理者难以预测市场经济的发展趋势导致制定的经营决策容易出现失误，大大增加了企业的经营风险（Popp and Zhang，2016）。此外经济政策不确定性与企业经营活动产生现金流的不确定性呈正向关系，即经济政策越不稳定，经营活动产生现金流的不确定性越高，企业越难以保证偿还债务（杨道广、潘红波、陈汉文，2014）。

在金融交易市场中，银行等金融机构与企业之间的信息非对称现象普遍存在，银行在提供信贷服务前会先对企业的运营状况进行全面评估，但相对于银行来说企业更了解自身的情况。如果企业对于自身不利的信息予以不充分披露，将导致银行不能及时识别企业的问题。因此在二者的交易中，银行等金融机构通常处于信息劣势地位。经济政策不确定性越高，企业外部经营环境越模糊，银行的监督成本越大，因此银行在提供信贷服务时将更加谨慎，通过提高信贷利率或者减少信贷服务以减少信息不对称带来的风险。我国企业是以“银行信贷”作为主要的融资渠道，银行贷款在社会融资规模存量比重较大。经济政策不确定性会使企业对自身的未来价值、盈利能力、偿债能力等方面评估出现偏差，这也进一步使银行的投资意愿降低，在提供贷款时更加谨慎，采取更加紧缩的信贷政策（田国强、李双建，2020）。从银行角度说，银行作为信贷资金的供给方，在经济政策不确定的环境下，银行识别企业的偿债能力和借贷风险的难度加大，但相对于银行等金融机构，企业自身能够较早了解经济政策波动对企业经营状况的影响。因此银行处于信息劣势地位，企业具有信息优势。这一现象加剧了银企双方信息不对称程度，导致代理成本上升、企业违约风险增加。基于上述分析，本章提出研究假设H1。

H1：经济政策不确定性越高，企业发生债务违约的可能性越大。

相对于长期贷款，短期贷款的监督成本较低，安全性较高。随着经济政策不确定性的提升，银行出于保护自我的需要愿意提供企业短期贷款。为利用短期贷款的优势，银行在一定程度内允许企业发生“短债长用”行为（赖黎等，2019）。且这一现象在发展中国家尤为明显，由于发展中国家的融资渠道单一，资金不能满足长期投资项目的需求，造成企业不得不用短期贷款来支持长期项目的投资（沈红波、华凌昊、郎宁，2019）。在经济政策不确定性上升时，银行将会提高由信息不对称带来的额外的风险溢价（Kaviani et al.，2020），由于道德风险和合约期限的限制，该溢价通过短期贷款可以更灵活地转移到企业中，但难以通过长期贷款转嫁给企业，这也进一步促使银行通过拼接多个“短期贷款”项目来弥补风险溢价。短债长用本质上是企业投资和融资期限的错配，是企业被动采取的经济手段，可能产生现金流断流风险，使企业发展陷入困境。在竞争激烈的市场环境下，拥有核心资源和持续创新能力的企业才能不被淘汰，在市场上拥有一席之地。短贷长投通过抑制研发投入降低企业创新能力，阻碍了企业的长远发展（马红、候贵生、王元月，2018）。Frank和Goyal（2014）通过实证检验发现短贷长投将会使资源不能合理配置，降低全要素生产率，进而提高债务成本，加大企业债务违约风险。基于上述分析，本章提出研究假设H2。

H2：其他因素保持不变时，经济政策不确定性的上升会使企业将短期贷款用于长期投资，导致投融资期限错配现象发生，进而加大企业发生债务违约风险的可能性。

第三节 研究设计

一、样本选择与资料来源

本章使用沪深A股上市公司2012—2021年相关数据，研究了经济政策不确定性与企业债务违约风险的关系。在收集数据的过程中，本章剔除了来自金融行业和房地产行业、ST和PT类公司数据，并对连续变量执行了1%和99%百分位的缩尾操作，同时采用线性插值方法来补充缺失值。

二、变量定义

（一）被解释变量

本章的被解释变量是企业债务违约风险（*Zscore*），本章使用Altman（1968）基于多变量分析技术对企业的财务状况进行判别分析，围绕企业的经营能力、偿债能力、财务结构等构建*Zscore*模型来评估企业发生债务违约风险的可能性。

*Zscore*模型的计算公式如（7-1）所示：

$$Z = 0.012X_1 + 0.014X_2 + 0.033X_3 + 0.006X_4 + 0.999X_5 \tag{7-1}$$

其中：X_1代表的是净运营资本与资产总额的比例；X_2代表的是留存收益与资产总额的比例；X_3代表的是息税前收益的资产总额比例；X_4代表的是权益价值与总负债的比例；X_5代表的是销售额与资产总额的比例。*Zscore*是一个负向指标，通常用于反映企业财务状况是否良好，其含义是数值越小，企业遇到财务困境的程度越大（李建军、韩珣，2019）。

（二）解释变量

本章的解释变量是经济政策不确定性（*EPU*），本章基于Baker等（2016）提出的经济政策不确定性指数，并参考了李增福等（2022）关于中国经济政策不确定性的年度数据，研究方法是采用当年12个月的指数的算数平均数，并将其除以100。

（三）中介变量

本章的中介变量是企业投融资期限错配（*SDLA*）。借鉴刘晓光和刘元春（2019）的做法，首先计算出短期负债与总负债的比值和短期资产与总资产的比值；其次将二者的比值作差得出来的结果来评估企业的短期债务使用期限的情况，当负债与资产的差异增大时，意味着企业短债长用现象更为明显，同时企业投融资期限错配程度越严重。

（四）控制变量

控制变量包括企业特征和宏观经济两个层面。借鉴了张成思和刘贯春（2018）的研究，在企业特征上，从非财务特征和财务特征两个方面进行控制。其中，在非财务特征上，纳入了股权集中度、企业年龄等变量。在财务特征上，选择企业的负债能力、盈利能力等指标。另外，本章使用了地区生产总值、消费者价格指数等指标在宏观层面进行控制，变量的具体定义见表7-1。

表7-1　**变量定义与说明**

变量类型	变量名称	变量符号	变量定义
被解释变量	企业债务违约风险	*Zscore*	采用Altman（1968）构建的模型进行计算
解释变量	经济政策不确定性	*EPU*	经济政策不确定性指数每年12个月数据的算术平均值/100
中介变量	短债长用	*SDLA*	短期负债/总负债－短期资产/总资产

续表

变量类型	变量名称	变量符号	变量定义
控制变量	企业规模	*Size*	企业总资产的自然对数
	资产负债率	*Lev*	期末总负债/期末总资产
	经营性现金流	*Cash*	经营活动产生的现金流量净额/总资产
	总资产净利润率	*ROA*	净利润/总资产
	托宾Q	*Tobin Q*	市场价值与总资产的比值
	企业年龄	*Age*	企业上市年限加一的自然对数
	企业增长情况	*Growth*	(营业收入本期金额-营业收入上期金额)/营业收入上期金额
	股权集中度	*First*	第一大股东持股比例
	地区生产总值增长率	*GRP*	(本期实际地区生产总值-上期实际地区生产总值)/上期实际地区生产总值
	消费者价格指数变动率	*CPI*	(本年度消费者价格指数-上年度消费者价格指数)/上年度消费者价格指数

三、模型设定

为考察经济政策不确定性如何影响企业债务违约风险，构建模型(7-2)：

$$Zscore_{i,t}=\beta_0+\beta_1 EPU_t+\beta_2 Controls_{i,t}+Year_t+Industry_i+\varepsilon_{i,t} \quad (7\text{-}2)$$

为考察投融资期限错配如何影响经济政策不确定性与企业债务违约风险的关系，构建模型（7-3）和模型（7-4）：

$$SDLA_{i,t}=\alpha_0+\alpha_1 EPU_t+\alpha_2 Controls_{i,t}+Year_t+Industry_i+\varepsilon_{i,t} \quad (7\text{-}3)$$

$$Zscore_{i,t} = \gamma_0 + \gamma_1 EPU_t + \gamma_2 SDLA_{i,t} + \gamma_3 Controls_{i,t} + Year_t + Industry_i + \varepsilon_{i,t} \quad (7-4)$$

其中：$\varepsilon_{i,t}$代表随机误差项；α_0、β_0、γ_0是常数项；α_1、β_1、γ_1和γ_2是待估计的回归系数，*Year*代表了时间固定效应，*Industry*代表了行业固定效应，*i*代表不同的企业；*t*代表时间跨度。

第四节 实证结果分析

一、描述性统计

各变量的描述性统计结果见表7-2。*Zscore*衡量企业债务违约风险，其最大值与最小值之差超过15，表明我国企业间债务违约风险水平悬殊。由于*Zscore*是负向指标，且均值为4.004，表明我国企业发生债务违约风险整体水平较高。经济政策不确定性最大值与最小值之差接近6，表明样本期间中国的经济环境不稳定，且经济形势呈现上升趋势。大部分变量的取值通常都落在均值的上下3个标准差范围内，各个变量的分布相对合理。

表7-2 **各变量描述性统计结果**

变量	样本数	标准差	中位数	均值	最小值	最大值
Zscore	20 819	3.445	2.881	4.004	0.808	16.068
EPU	20 819	2.316	4.605	4.346	1.139	7.919
SDLA	20 819	0.219	0.179	0.167	−0.702	0.646
Size	20 819	1.276	22.240	22.430	17.970	28.640
Lev	20 819	0.188	0.445	0.452	0.014	0.998

续表

变量	样本数	标准差	中位数	均值	最小值	最大值
ROA	20 819	0.074	0.034	0.034	−1.130	0.969
Growth	20 819	0.254	0.104	0.142	−0.264	0.766
Cash	20 819	0.069	0.046	0.048	−0.657	0.876
First	20 819	0.148	0.311	0.334	0.003	0.900
Age	20 819	0.652	2.398	2.324	1.099	3.466
TobinQ	20 819	1.639	1.605	2.042	0.641	78.750
GRP	20 819	0.050	0.091	0.086	−0.250	0.299

二、多元回归分析

（一）基准回归结果分析

由表7-3列（1）可知，在忽略控制变量的情况下，经济政策不确定性指数（*EPU*）与债务违约风险（*Zscore*）之间的回归系数达到了-0.056，并且在1%的水平上显著为负。这表明在不考虑控制变量的情况下，经济政策的不确定性可能导致企业面临债务违约的风险。同时在控制了其他因素后，经济政策不确定性与债券违约风险之间的回归系数达到了-0.116，且在5%的显著水平显著为负，说明在考虑控制变量的情况下，企业发生债务违约的概率会受到政府对经济政策调整的影响，验证了假设H1成立。在控制变量方面，企业的规模（*Size*）、企业的成长（*Growth*）、企业的盈利（*ROA*）与债务违约风险均在10%水平以上显著，揭示了企业的经营规模、企业的增长情况和盈利能力与企业是否发生债务违约存在一定的关联性，即大规模、发展迅速、盈利能力强的企业特性将有助于企业降低债务违约风险，这些与实际情况也比较符合。关于股权集中度的问题，本章发现股权集中度与债务违约风险之间的回归系数在1%的显著性水平上为正，意味着股权集中程度越高，企业面临的财务风险和陷入债务困境的可能性越小，进一步印证了之前的钱忠华（2009）的观点。

表7-3　　**经济政策不确定性影响债务违约风险的基准回归分析结果**

变量	(1)	(2)
	Zscore	*Zscore*
EPU	−0.056***	−0.116**
	(−5.609)	(−2.115)
Size		0.497***
		(3.718)
Lev		−13.165***
		(−27.698)
ROA		2.743**
		(2.411)
Growth		0.000*
		(1.756)
Cash		−0.757
		(−0.621)
		(3.745)
Age		0.308***
		(4.587)
TobinQ		2.319***
		(6.921)
GRP		−0.331
		(−0.660)

续表

变量	(1)	(2)
	Zscore	*Zscore*
CPI		−0.286
		(−0.261)
_cons	4.249***	−6.198*
	(83.725)	(−1.922)
行业固定效应	控制	控制
年份固定效应	控制	控制
N	20 819	20 819
Adj-R²	0.0014	0.5057

注：括号内为稳健*t*值，***、**、*分别表示在1%、5%与10%的统计水平上显著。

（二）中介作用分析

关于投融资期限错配的中介作用机制回归分析结果见表7–4。从列（1）结果可以看到，在未引入投融资期限错配变量的情况下，经济政策的不确定性对企业债务违约风险在5%的水平上产生了明显的推动效果。由表7–4中的第（2）列结果来看，随着经济政策不确定性的提高，企业更容易出现“短期债务长期使用”的情况。第（3）列结果显示，经济政策的不确定性和企业投融资期限的错配分别在10%和1%的水平上与企业的债务违约风险显示出负相关联性。参考温忠麟和叶宝娟（2014）方法，本章证实了企业的投融资错配在经济政策的不确定性和企业债务违约风险之间，具有一定的正向中介效应，假设H2得到验证。这一结果可能表明*EPU*加剧了银行和企业间的信息不对等，这使得那些在信息上处于不利地位的银行和其他银行机构对长期投资计划变得更为审慎，从而使企业的长期投资项目没有充足的资金供给，造成了企业投融资期限错配现象的发生。然而，企业长时间将短期贷款用于长期项目的投资，会造成管理层承担较大的偿债压力，加剧了委托代理冲突。管理层出于保护自己的需要，将以提升企业价值和股东财富积累为企业的发展目标逐渐偏移到管理层获得更多私有利益，因此企业的盈利能力和偿债能力均将下降，进一步提升了企业的债务违约风险。

表7-4 **投融资期限错配的中介作用机制分析结果**

变量	(1)	(2)	(3)
	Zscore	*SDLA*	*Zscore*
EPU	−0.116**	0.011***	−0.106*
	(−2.115)	(7.099)	(−1.884)
SDLA			−0.924***
			(−4.163)
Size	0.497***	−0.008***	0.489***
	(3.718)	(−5.189)	(3.636)
Lev	−13.165***	−0.092***	−13.250***
	(−27.698)	(−9.106)	(−27.795)
ROA	2.743**	−0.266***	2.497**
	(2.411)	(−10.351)	(2.240)
Growth	0.000*	0.000***	0.000***
	(1.756)	(14.422)	(2.751)
Cash	−0.757	0.243***	−0.532
	(−0.621)	(8.186)	(−0.428)
First	0.611***	−0.067***	0.549***
	(3.745)	(−6.581)	(3.318)
Age	0.308***	−0.014***	0.295***
	(4.587)	(−5.719)	(4.409)

续表

变量	(1)	(2)	(3)
	Zscore	*SDLA*	*Zscore*
TobinQ	2.319***	-0.013***	2.307***
	(6.921)	(-6.346)	(6.869)
GRP	-0.331	0.045	-0.289
	(-0.660)	(1.295)	(-0.575)
CPI	-0.286	0.019	-0.268
	(-0.261)	(0.662)	(-0.245)
_cons	-6.198*	0.382***	-5.845*
	(-1.922)	(10.062)	(-1.788)
行业固定效应	控制	控制	控制
年份固定效应	控制	控制	控制
N	20 819	20 819	20 819
$Adj\text{-}R^2$	0.5057	0.1759	0.5064

注：括号内为稳健t值，***、**、*分别表示在1%、5%与10%的统计水平上显著。

三、稳健性检验

（一）替换解释变量

在进行基准回归分析时，本章使用了当年12个月的指数来计算算术平均值，并通过除以100的方式来评估经济政策的不确定性。在稳健性检验中，采用了另一种经济政策的不确定性评估方法，即加权平均法。在这种方法中，接近年底的月份指数被赋予了更高的权重，每个月的权重分别是1/78、2/78等，解释变量替换为*EPU*2，其余变量均保持不变（见表7-5）。列（1）结果显示，*EPU*2与*Zscore*之间的回归系数在5%水平上显著为负，与假设H1一致，结论较稳健。列（2）结果显示，*SDLA*与*EPU*2之间的系数仍在1%水平上显著为正。列（3）结果显示，*EPU*2和*SDLA*与*Zscore*的系数均显著为负，再次支持了假设H2。

表7-5　　**替换解释变量稳健性检验结果**

变量	（1）	（2）	（3）
	Zscore	*SDLA*	*Zscore*
*EPU*2	−0.215**	0.020***	−0.196*
	（−2.115）	（7.099）	（−1.884）
SDLA			−0.924***
			（−4.163）
Size	0.497***	−0.008***	0.489***
	（3.718）	（−5.189）	（3.636）
Lev	−13.165***	−0.092***	−13.250***
	（−27.698）	（−9.106）	（−27.795）
ROA	2.743**	−0.266***	2.497**
	（2.411）	（−10.351）	（2.240）
Growth	0.000*	0.000***	0.000***
	（1.756）	（14.422）	（2.751）
Cash	−0.757	0.243***	−0.532
	（−0.621）	（8.186）	（−0.428）
First	0.611***	−0.067***	0.549***
	（3.745）	（−6.581）	（3.318）
Age	0.308***	−0.014***	0.295***
	（4.587）	（−5.719）	（4.409）

续表

变量	(1)	(2)	(3)
	Zscore	*SDLA*	*Zscore*
TobinQ	2.319***	-0.013***	2.307***
	(6.921)	(-6.346)	(6.869)
GRP	-0.331	0.045	-0.289
	(-0.660)	(1.295)	(-0.575)
CPI	-0.100	0.002	-0.099
	(-0.098)	(0.058)	(-0.097)
_cons	-6.214*	0.384***	-5.860*
	(-1.923)	(10.106)	(-1.788)
行业固定效应	控制	控制	控制
年份固定效应	控制	控制	控制
N	20 819	20 819	20 819
$Adj\text{-}R^2$	0.5057	0.1759	0.5064

注：括号内为稳健*t*值，***、**、*分别表示在1%、5%与10%的统计水平上显著。

（二）滞后性检验

由于经济政策出台到政策实施存在时间间隔，因此采用滞后性检验方法，将*EPU*滞后一期带入基准回归模型中，见表7-6，滞后一期的$EPU1_{T-1}$对企业债务违约风险（*Zscore*）的回归系数在1%的水平上显著为负，再一次验证了经济政策不确定性与企业债务违约风险的关系。同时，企业投融资期限错配依然在经济政策不确定性与企业债务违约风险之间起中介作用。

表7-6　　滞后性稳健性检验结果

变量	(1)	(2)	(3)
	Zscore	*SDLA*	*Zscore*
$EPU1_{T-1}$	-0.093^{***}	0.006^{***}	-0.086^{**}
	(−2.777)	(4.568)	(−2.521)
SDLA			-1.205^{***}
			(−4.724)
Size	0.447^{***}	-0.009^{***}	0.437^{***}
	(2.852)	(−4.918)	(2.769)
Lev	-12.379^{***}	-0.103^{***}	-12.503^{***}
	(−22.817)	(−8.981)	(−22.856)
ROA	2.657^{**}	-0.247^{***}	2.359^{*}
	(2.027)	(−8.966)	(1.837)
Growth	0.001^{***}	-0.000^{***}	0.001^{***}
	(5.903)	(−4.304)	(5.102)
Cash	−1.000	0.258^{***}	−0.690
	(−0.664)	(7.792)	(−0.449)
First	0.731^{***}	-0.078^{***}	0.637^{***}
	(4.511)	(−6.888)	(3.979)
Age	0.362^{***}	-0.023^{***}	0.333^{***}
	(3.286)	(−7.803)	(2.980)
TobinQ	2.318^{***}	-0.012^{***}	2.303^{***}
	(5.655)	(−5.307)	(5.614)
GRP	−0.365	0.031	−0.328
	(−0.693)	(0.818)	(−0.620)
CPI	−0.101	-0.059^{**}	−0.172
	(−0.151)	(−2.011)	(−0.263)

续表

变量	(1)	(2)	(3)
	Zscore	*SDLA*	*Zscore*
_cons	−5.773	0.453***	−5.227
	(−1.406)	(10.717)	(−1.255)
行业固定效应	控制	控制	控制
年份固定效应	控制	控制	控制
N	16 788	16 788	16 788
$Adj\text{-}R^2$	0.4883	0.1767	0.4896

注：括号内为稳健*t*值，***、**、*分别表示在1%、5%与10%的统计水平上显著。

四、异质性分析

（一）产权性质异质性

在我国社会主义市场经济环境下，非国有企业和国有企业在资源获取、信息获取途径、生产规模、议价能力等多个方面存在显著的差异，这进一步导致了非国有企业和国有企业发生债务违约的概率不相同。按照产权性质分组回归结果见表7-7，经济政策的不确定性对企业债务违约风险产生的正面效应在国有和非国有企业之间有所不同。在国有公司里，当经济政策的不稳定性增强时，企业的债务违约风险会明显上升，但在非国有的公司中，这种情况并不突出。具体原因可能分为以下几方面：

第一，相较于非国有企业，国有企业在获取银行贷款时更加容易，即国有企业面临的外界融资约束较小，容易获得规模大且成本低的融资资金（张强，2019），但由于国有企业存在严重的委托代理问题，即官员以个人利益最大化为主，常常谋求风险高收益大的项目，这进一步导致了企业的经营风险的提高。

表7-7　　　　产权性质异质性分析结果

变量	国有企业	非国有企业
	Zscore	*Zscore*
EPU	−0.034**	−0.036
	(−1.997)	(−0.515)
Size	0.041	0.475***
	(1.316)	(3.205)
Lev	−8.063***	−15.564***
	(−45.015)	(−25.577)
ROA	4.945***	2.820***
	(9.035)	(2.616)
Growth	−0.000***	0.001
	(−6.141)	(0.241)
Cash	−0.413	1.115
	(−1.020)	(0.838)
First	0.246**	0.997***
	(2.153)	(3.362)
Age	0.094**	0.309***
	(2.379)	(2.952)
TobinQ	1.303***	2.149***
	(15.356)	(6.672)
GRP	−0.110	−0.442
	(−0.346)	(−0.479)

续表

变量	国有企业	非国有企业
	Zscore	*Zscore*
CPI	0.334	1.134
	(0.901)	(0.819)
_cons	3.674***	-5.019
	(4.458)	(-1.487)
行业固定效应	控制	控制
年份固定效应	控制	控制
N	8 035	12 329
$Adj\text{-}R^2$	0.7634	0.5265

注：括号内为稳健*t*值，***、**、*分别表示在1%、5%与10%的统计水平上显著。

第二，国有企业在发生财务困境时，政府会通过补贴、税收优惠等扶持手段帮助企业脱离困境。因此管理人员在经营项目时放松警惕，管理松懈，导致项目的发展未达到合理的预期收益。

（二）代理冲突异质性

在债权人与企业股东的关系中存在明显的矛盾和冲突。基于代理理论，该类冲突属于第二类代理冲突。为探究债权人与企业股东之间的冲突是否影响经济政策不确定性与企业债务违约风险二者关系。本章将企业按照第二类代理冲突程度的大小进行了分组回归（见表7-8），在第二类代理冲突大的企业中，经济政策不确定（*EPU*）与企业债务违约风险（*Zscore*）在1%的水平上显著为负。这说明债权人与企业股东之间的冲突也是影响经济政策不确定性与企业债务违约风险二者关系的因素之一，即经济政策的稳定性越低，存在第二类代理冲突大的企业发生债务违约风险的概率越大。其原因如下，一般来说，股东与债权人的冲突往往表现在利益不能均衡分配，通常都是股东为了保护自身的利益而造成债权人的利益有所损失。这一现象也突出了企业的管理制度存在一定的问题。因此，在有缺陷的管理制度的企业中，股东往往倾向于利益最大化的投资项目，而不考虑项目的风险水平。在这样的条件下，当企业的外部环境发生变化时，该类企业的经营活动更容易受到外界因素的干扰（Smith and Warner，1979）。对于股东-债权人冲突小的企业，在面对经济政策不确定性时，企业内部会依靠完善的管理制度，避免债权人的利益受损。

表7-8 **代理冲突异质性分析结果**

变量	第二类代理冲突小	第二类代理冲突大
	Zscore	*Zscore*
EPU	-0.018	-0.222***
	(-0.373)	(-2.663)
Size	0.229**	0.841***
	(2.410)	(3.352)
Lev	-14.021***	-12.220***
	(-36.373)	(-15.817)
ROA	5.390***	1.469
	(4.443)	(0.977)
Growth	-0.017	0.000
	(-0.933)	(1.518)
Cash	0.542	-2.340
	(0.579)	(-1.148)
First	0.437*	0.603***
	(1.949)	(2.813)
Age	0.264***	0.314***
	(4.016)	(3.895)

续表

变量	第二类代理冲突小	第二类代理冲突大
	Zscore	*Zscore*
TobinQ	1.848***	3.002***
	(6.629)	(5.234)
GRP	−0.282	−0.456
	(−0.398)	(−0.601)
CPI	1.084	−1.892
	(1.082)	(−1.077)
_cons	0.449	−14.873**
	(0.196)	(−2.457)
行业固定效应	控制	控制
年份固定效应	控制	控制
N	10 432	10 387
$Adj\text{-}R^2$	0.6222	0.4557

注：括号内为稳健 *t* 值，***、**、*分别表示在1%、5%与10%的统计水平上显著。

（三）区域异质性

鉴于中国的地理范围之广，各个区域在发展策略、方向和阶段上都存在差异，为了深入了解区域特点如何影响经济政策的不确定性和债务违约的风险之间的关系，将中国的地理区域划分为东部、中部和西部三个主要区域。东中西三大地带的经济政策不确定性和企业债务违约风险之间关系检验结果见表7-9。在我国东部地区，企业债务违约风险与经济政策的不确定性之间的回归系数在1%的统计水平上显著为负。这表明，在经济政策波动较大的情况下，东部地区的企业更有可能遭遇债务违约的风险，因此，这些企业更加需要加强风险管理。

表7-9 **区域异质性分析结果**

变量	东部	西部	中部
	Zscore	*Zscore*	*Zscore*
EPU	-0.212^{***}	-0.012	-0.045
	(-2.830)	(-0.191)	(-1.037)
Size	0.664^{***}	0.172	0.354^{***}
	(4.214)	(1.116)	(4.599)
Lev	-13.012^{***}	-13.080^{***}	-12.499^{***}
	(-25.595)	(-17.680)	(-13.726)
ROA	1.299	6.927***	2.885
	(0.903)	(5.743)	(1.347)
Growth	0.002^{***}	0.000	-0.000
	(4.983)	(0.002)	(-0.573)
Cash	-3.288^{*}	2.916^{**}	0.303
	(-1.834)	(2.039)	(0.188)
First	0.356^{*}	0.470	1.540^{***}
	(1.787)	(1.383)	(3.294)
Age	0.335^{***}	0.314^{*}	0.165
	(4.360)	(1.949)	(1.384)
TobinQ	3.078^{***}	1.405^{***}	1.695^{***}
	(7.029)	(5.110)	(9.385)
GRP	-0.030	-1.912	0.544
	(-0.057)	(-1.335)	(0.445)
CPI	-2.106	0.792	1.716
	(-1.496)	(0.555)	(1.034)

续表

变量	东部	西部	中部
	Zscore	*Zscore*	*Zscore*
_cons	−10.753***	1.777	−2.365
	(−2.771)	(0.505)	(−1.326)
行业固定效应	控制	控制	控制
年份固定效应	控制	控制	控制
N	14 359	3 514	2 946
$Adj\text{-}R^2$	0.5263	0.5752	0.5838

注：括号内为稳健 t 值，***、**、*分别表示在1%、5%与10%的统计水平上显著。

第五节　结论与启示

本章采用了沪深A股2012—2021年的面板数据，建立了固定效应模型和中介效应模型，验证经济政策的不确定性如何影响企业债务违约风险，并分析了这种影响的传导途径，进一步探讨了企业投融资期限错配的作用机制。本章还探讨了经济政策的不确定性是否会受到企业的产权性质、股东与债权人之间的利益冲突以及所在地区的影响，从而影响企业的债务违约风险。研究结果为揭示经济政策不确定性对企业债务违约风险影响的传导途径和作用机制提供了启发，并在一定程度上弥补了该领域研究的不足。

本章得出的研究结论如下：

第一，当经济政策的波动更为剧烈时，企业面临的债务违约风险也随之增加。由于经济政策的不确定性，企业的长期投资项目的资金会受到融资约束，因此企业的投融资期限可能会出现错配现象，这进一步增加了企业的债务违约风险。

第二，在我国国有企业中，经济政策的不稳定性增加对企业债务违约风险产生了更为明显的正向效应。当企业的股东与债权人之间的利益冲突加剧时，经济政策的不确定性对债务违约风险产生的影响也随之增大。在我国东部的企业中，经济政策的不确定性对债务违约风险的推动作用更为突出。

针对经济政策不确定性对债务违约风险产生的负面影响，本章提出以下对策建议。

第一，在政府层面，由于经济政策对企业的策略管理和经营效果都会带来某种程度的变化（李凤羽、杨墨竹，2015），因此政府在制定和调整政策前需要充分了解不同经济体的现状，结合企业情况制定合理的方案。在科学实施过程中，政府需要考虑经济政策的调整对企业各方面的消极作用。为有效减少政策对企业的风险冲击，政府可以采用试点方法，及时收集和汇总试点工作的意见，真正发挥经济政策的正确指导作用。此外，企业投融期限错配会加剧企业债务违约风险，因此在经济出现波动的时候，不仅要重视企业的短期流动性风险，还需密切关注企业的长期投资需求，努力降低企业投融资期限不匹配的情况。由于经济政策不确定会加剧信息不对称现象，所以政府、金融机构与实体企业之间需要保持良好的政策沟通。

第二，在企业层面，企业应做好全面的风险管理工作，应密切关注经济政策的变动，准确分析和预测经济政策变动对企业发展的影响，做到未雨绸缪，提高企业应对外部风险冲击的能力。同时，加强企业内部控制，通过完善的信息披露向外界传递积极的信号，以避免银行的“惜贷”“限贷”行为。企业还要加强对投融资行为的管理，确保资产与负债的期限结构相匹配，以避免由于负债结构不合理带来的潜在风险。

第八章　信用债违约对企业社会责任表现的影响

第一节　问题的提出

由于存在政府隐性担保，2014年之前中国几乎没有发生过信用债违约事件；然而在市场化趋势下，隐性担保产生的债券刚性兑付违背了市场规律，致使债务违约风险不仅没有消除反而不断累积，逐渐形成了越来越多的“僵尸”企业；相反，许多急需资金且信用较好企业却难以获得信贷授权（魏明海、赖婧、张皓，2017）。为此，中国政府从2014年开始逐渐打破了长期以来对企业信用债违约进行担保的惯例（Dennis，Wang，and Zhang，2021）。此后，信用债违约事件加速爆发，违约数量和规模持续增加。2021年中国债券市场公募债券的违约金额约为1 705.59亿元，其中发行主体为企业的信用债违约金额约为1 076亿元，违约主体还表现出明显的行业集聚特征（Mo，Gao，and Zhou，

2021）。这一趋势不仅引起了资本市场和监管机构的关注，学界也纷纷聚焦信用债违约事件产生的经济后果。

信用债违约损害了企业信誉和投资者信心，对违约企业的投融资和经营决策造成不利影响。研究发现，债权人可能通过提高利率、缩短期限、减少可用资金等手段干预企业融资（Yue，2010；Spiceland，Yang，and Zhang，2016；Roberts and Sufi，2009a），防止企业更换债权人获取新的融资，使得违约企业的风险偏好趋于保守，更倾向于削减资本性支出、增加金融投资的投资结构（Chava and Roberts，2008）。为了降低运营管理成本，在经济不景气时违约企业更可能大规模裁员，CEO离职率上升、薪酬下降（Falato and Liang，2016；Balsam，Gu，and Mao，2018）。此外，一家企业发生信用债违约往往不仅意味着违约企业直接受到经济打击甚至陷入财务困境，信息不对称也会导致投资者等利益相关方通常难以有效甄别其他非违约企业的实际信用风险状况，从而对具有相似特征或密切联系的非违约企业也会提升信用风险敏感性，引发信用风险在具有特定关联的市场主体间产生传染效应（Brune and Liu，2011；Lin and Milhaupt，2017）。同行业企业面临着相同的外部环境，经营策略上具有诸多相似属性，投融资行为也存在模仿和担保关系，更易为信用风险传染创造条件（Duong，Ngo，and Mcgowan，2015）。研究显示，企业财务重述或内部控制存在重大缺陷导致同行业非违约企业的市场表现不佳（Gleason，Jenkins，and Johnson，2008；Bolton et al.，2016）；信用债违约导致同行业非违约企业的信用评级和债券流动性下降；投资者也会向这些企业索要更高的风险溢价（焦健、张雪莹，2021；王叙果、沈红波、钟霖佳，2019；张春强、鲍群、盛明泉，2019）。

作为展示企业形象的重要窗口，社会责任表现涵盖了企业在环境保护、公益救助、股东价值、员工福祉以及消费者权益等领域的成绩与不足，与各外部相关方的利得和损失关系密切，投资者在关注企业经营绩效的同时往往也会将社会责任表现作为债务风险研判的重要依据（Lian et al.，2023）。现有涉及企业融资与社会责任的研究侧重考察企业履行社会责任对于提高市场价值和信用评级、降低融资成本和违约风险等的有利影响（Bai and Chang，2015；Cheng，Ioannou，and Serafeim，2014；Oikonomou，Brooks，and Pavelin，2014）；鲜有文献关注企业社会责任表现是否可能受信用债违约等负面事件引发信用风险传染产生的影响。为此，本章基于信用风险的传染效应，研究企业信用债违约对同行业非违约企业社会责任表现的影响。

这一影响可能分为两个对立的猜想。一方面，在信用风险传染可能给自身经营业绩和市场声誉造成负面冲击的严峻形势之下，同行业非违约企业基于稳定风险预期、巩固和维系投资者关系进而增强投资信心的动机，更有可能采取在企业社会责任领域加大投入的措施向市场传递积极信号，旨在赢得外部相关方的持续信任和资源支持（秦璇、方军雄，2019）。有研究发现，非违约民营企业为了应对同城企业信用债违约引发信用风险传染的不利影响，会进行更多真实盈余管理以减轻投资者焦虑（宁博等，2020）。另一方面，信用风险传染带来的负面效应也可能使投资者对整个行业的信用风险敏感度提升，进而引起同行业非违约企业的融资能力和经营能力下降（蔡庆丰、吴奇艳，2022）。面对融资和经营困境，同行业非违约企业更倾向于优先保障和维持现金流及经营绩效的稳定，因此应用于社会责任领域的投资则可能减少。

本章可能具有以下贡献和意义：

第一，丰富了企业信用债违约引发信用风险传染的研究维度。现有研究着重考察企业信用债违约事件对相关非违约企业债券利差、信用评级等造成的负面影响，本章发现企业信用债违约事件也会抑制同行业非违约企业的社会责任表现。

第二，拓展了企业社会责任表现影响因素的研究边界。已有文献侧重探讨企业履行社会责任对降低信用债违约风险的作用，本章发现企业社会责任表现反之也会受到同行业企业信用债违约事件的影响。

第三，揭示了企业信用债违约影响同行业非违约企业社会责任表现的作用机制。本章发现企业信用债违约引发的风险传染降低了同行业非违约企业的融资能力和经营能力，进而削弱了同行业非违约企业的社会责任表现。

本章的研究结论有助于投资者等相关方进一步认识企业信用债违约

引发风险传染给同行业非违约企业造成的经济影响，对于提升企业信用风险评估有效性具有一定参考意义。

第二节 相关文献与研究假设

一、相关文献

信用债违约直接影响企业的投融资决策。企业发生信用债违约后，债权人可能要求加速、重组甚至终止债务契约（Yue，2010；Spiceland，Yang，and Zhang，2016），如通过提高利率、缩短期限、减少可用资金等手段干预企业融资，降低企业债的发行频率与规模，防止企业试图更换债权人获取新的融资（聂新伟，2016；黄小琳、朱松、陈关亭，2017）。违约失信行为对企业信誉和投资者信心造成了严重打击，进一步加剧了企业的融资约束（Roberts and Sufi，2009b），降低了资本结构的动态调整速度（Devos，Rahman，and Tsang，2017）。面对融资困境，企业的投资结构发生转向；在流动性需求和投机性套利动机的驱使下，企业的风险偏好趋于保守，更倾向于削减资本性支出尤其是研发创新投资，增加金融投资（金龙、丁志国、刘欣苗，2021），且这种趋势不随时间推移而减弱（张玮倩、方军雄，2017）。接近违约门槛或发生技术性违约的企业为了避免触发债务契约的保护性条款，也可能实施更多真实盈余管理（陈婧、张金丹、方军雄，2018）。信用债违约同样影响着企业的人事和薪酬决策。违约企业为了降低运营管理成本摆脱财务困境可能进行大幅裁员，且这种行为在行业或宏观经济不景气时更为突出（Falato and Liang，2016）。信用债违约还会增加CEO的离职率（Nini，Smith，and Sufi，2012）；CEO薪酬也会在违约发生一年后普遍下降，且这种效应随债权人影响力的增大而增强（Balsam，Gu，and Mao，2018）。

企业信用债违约等负面事件同时具有外部效应，信用风险在市场中的传染效应也会给相关非违约企业的生产经营和投融资行为带来负面影响。研究显示，金融市场中的信用风险可能通过企业与银行之间（Allen and Gale，2000；Acemoglu，Ozdaglar，and Tahbaz-Salehi，2015）、供应链或担保链上的企业之间信贷网络传染（刘志洋，2020）；也可以经由人际关系网络、公共媒体或监管机构等渠道扩散传播（Bernet and Getzen，2008；Le and Ngo，2021；Leitner，2005）。处于相同行业或地域的企业之间也存在密切的信用风险传染关系。企业进行财务重述或发布内部控制重大缺陷报告会降低同行业非违约企业的市场表现（Gleason，Jenkins，and Johnson，2008；Bolton et al.，2016）。企业信用债违约引发的信用风险传染降低了同行业非违约企业的信用评级和债券流动性（焦健、张雪莹，2021；王叙果、沈红波、钟霖佳，2019）；同时，投资者为了补偿预期可能的风险损失，便会向行业内其他非违约企业索要更高的风险溢价，使得同行业非违约企业的发债定价上升（张春强、鲍群、盛明泉，2019）。企业信用债违约引发的信用风险传染也深刻影响着相关非违约企业的经营决策；有文献指出，为了应对信用风险传染可能给经营绩效造成的消极影响，企业信用债违约会促使同城非违约民营企业进行更多的真实盈余管理（宁博等，2020）。

作为衡量企业经营行为外部性和相关方损益的重要指标，投资者在考察企业经营绩效的同时往往也会着重关注企业在承担社会责任方面的表现。现有企业融资活动与社会责任表现的研究更多的是考察企业履行社会责任对融资活动的影响，且研究结论普遍表现为积极影响，如社会责任表现较好的企业往往具有更高的市场价值和信用评级、能够取得更多长期融资、发债成本和债务违约风险更低等（周方召、金远培、贺志芳，2020）。然而，鲜有文献关注企业的社会责任表现是否也可能受债务违约等负面事件引发的信用风险传染带来的积极或消极影响。基于以上文献梳理，本章认为有必要对企业信用债违约事件引发的信用风险传染如何影响同行业非违约企业的社会责任表现进行实证探讨。

二、研究假设

投资者等利益相关方对企业信用风险的评估主要是以市场中公开发布的外部信息作为依据，这种信息不对称使得投资者往往难以及时准确地掌握企业信用风险的实际动态（王博森、施丹，2014；张雪莹、焦健，2017）。市场中发生的信用债违约事件尤其是大规模或频繁的债务违约释放的风险信号则会加剧投资者对尚未发生实质性违约企业的投资前景和违约风险的不确定性，从而产生信用风险在不同市场主体间的传染蔓延（陆蓉等，2017；吴建华、张颖、王新军，2017）。但是，多数信用债违约事件传递的风险信号强度不足以引发投资者对资本市场全局的紧张和恐慌情绪，信用风险的扩散往往是经由与违约企业存在密切联系的特定路径进行传播（Allegret，Raymond，and Rharrabti，2017；Dinh，Kang，and Schultz，2016）。处于同一行业的企业在生产经营和投融资决策等领域存在诸多共性特征，面临着相似的外部机遇和挑战；在产品业务、专利技术、供应链位置以及盈利模式等方面具有相似属性，在投资偏好和融资结构等选择上存在学习模仿和相互担保的交互关系（Leary and Roberts，2014）；同行业企业的信用风险变化更趋同步性，同行业企业间更容易形成信用风险传染的链条（张春强、鲍群、盛明泉，2019）。基于此，信用债违约事件不仅会直接损害违约企业的市场信誉，导致违约企业的投融资决策和生产经营活动陷入危机，信用风险的传染效应还会使投资者对同行业非违约企业的信用风险形势持更加保守谨慎的态度，进一步使得投资信心受到抑制。

企业的社会责任表现具有信号传递功能。积极履行社会责任的企业总是能够赢得更优质的市场声誉和信用口碑，从而争取到更广泛的资源支持，具备更强的融资经营能力和抗风险能力，发生信用债违约的概率也更低（冯丽艳、肖翔、赵天骄，2016）。正因如此，社会责任表现往往成为投资者等利益相关方评判一家企业信用风险水平和债务偿付能力的重要指标（狄灵瑜、步丹璐，2019）。企业信用债违约事件引发的信用风险传染可能会增加投资者对与违约企业所处同一行业的非违约企业信用风险状况和债务偿付能力的担忧，所以在向这些非违约企业提供资金时可能也会更为慎重。王雄元和张春强（2013）对此，非违约企业为了能够继续以较低的成本持续获得外部投资、避免信用风险传染给融资和经营活动带来不利影响，很可能会有更强的动机在积极承担社会责任上加大重视程度和投入力度，旨在向市场释放企业信用状况良好、违约风险很低的信号，向社会展示企业积极维护外部各方权益的正面形象，从而吸引市场中更多投资者的关注、提振投资信心（杨洁、张茗、刘运材，2020；秦璇、方军雄，2019）。由此，提出本章假设H1a：

H1a：企业信用债违约事件会提升同行业非违约企业的社会责任表现。

另一种可能是，相较于社会责任表现，企业的财务状况和经营绩效仍然是事关投资者切身损益的核心指标，也是外部各方评估企业信用风险状况的首要依据。企业信用债违约事件引发的信用风险传染可能导致债权人向同行业非违约企业提出更为严苛的债务条款，如通过限制资金供给、提高债券发行定价和利率等措施补偿可能面临的更高风险溢价，致使相关非违约企业获取再融资的渠道收窄、资本成本上升，从而降低了企业的融资能力（蔡庆丰、吴奇艳，2022；韩鹏飞、胡奕明，2015）。在此基础上，债权人还可能要求非违约企业进行部分资产质押，进而增加了企业的资产流动性约束，并可能给企业生产经营活动的正常开展带来一定阻力；融资约束的增加也会导致企业缺少足够支撑经营活动现金流的资金支持，最终引起企业的经营能力下降（文雯、冯晓晴、宋衍蘅，2020；王彦超、王语嫣，2018）。此外，信用债违约事件的发生也可能不仅表明违约企业本身存在重大风险，同样意味着违约企业所在行业也存在较大的系统性违约风险，因此同行业的非违约企业可能也在不同程度地面临着财务指标恶化、经营效益不佳的窘境（王伟同、辛格、周佳音，2022）。此时，企业最紧迫任务自然是脱离经营危机，而在社会责任领域加大投资反而会给企业带来更为沉重的经济负担。企业在社会责任领域的投入是一种旨在持续获取外部资源支持的实体投资行为；研究发现，出于改善资产流动性的动机，企业发生信用债违约后会更倾向于金融投资而非实体投资（金龙、丁志国、刘欣苗，2021）。鉴于此，当信用债违约事件引发同行业非违约企业出现融资和经营困难时，作为理性经济人的管理层也就缺乏足够的动因在社会责任领域增加投入，以至削弱企业的社会责任表现。由此，提出本章假设H1b：

H1b：企业信用债违约事件会抑制同行业非违约企业的社会责任表现。

第三节 研究设计

一、样本选取与资料来源

本章选取2014—2020年沪深股市A股上市公司作为研究对象，为了使观测值符合研究要求，剔除了金融业公司、交易状态为ST或PT、资不抵债以及存在明显异常或数据缺失的观测值；经过以上筛选后共获得14 260个有效的公司年度观测值。此外，为了减轻极端值对实证结果的不良影响，本章对连续变量采取了1%和99%水平的缩尾调整。信用债违约数据来自企业预警通，企业社会责任表现数据来自和讯网，其他数据主要来自国泰安（CSMAR）数据库。

二、变量定义

（一）被解释变量

企业社会责任表现（*CSR*）：使用和讯网发布的我国上市公司社会责任综合评分度量；该评分基于企业社会责任报告和财务报告，从股东责任、员工责任、供应商、客户和消费者权益责任、环境责任以及公共责任5个维度评价企业社会责任的承担情况。

（二）解释变量

信用债违约：设置两个变量衡量上市公司所在行业该年度的信用债违约情况。*IndD*为虚拟变量，用以区分上市公司所在行业该年度是否发生了信用债违约事件，发生信用债违约事件取值为1，否则为0；*IndS*衡量上市公司所在行业该年度发生的信用债违约事件的违约规模，以违约金额加1后的自然对数度量。对于上市公司所在行业的确定，依据证监会2012版行业分类进行划分；其中，制造业行业依据证监会2012版行业分类二级代码，其他行业依据证监会2012版行业分类一级代码。

（三）控制变量

参照既有研究（张春强、鲍群、盛明泉，2019；文雯、冯晓晴、宋衍蘅，2020），分别从财务状况（公司规模、财务杠杆、经营业绩、成长性、代理成本）、公司治理（实际控制人性质、董事会规模、独立董事比例），以及两权关系（高管持股比例、股权集中度）等维度选取了控制变量，并对行业和年度固定效应进行了控制；主要变量的定义与说明详见表8-1。

表8-1　　变量定义与说明

变量类型	变量名称	变量符号	变量说明
被解释变量	企业社会责任表现	*CSR*	和讯网中国上市公司社会责任综合评分
解释变量	信用债违约	*IndD*	虚拟变量，行业年度发生信用债违约事件取1，否则为0
		IndS	行业年度发生信用债违约的规模
控制变量	财务杠杆	*Lev*	资产负债率
	公司规模	*Size*	公司总资产的自然对数
	成长性	*Grow*	营业收入增长率
	董事会规模	*Board*	董事会人数

续表

变量类型	变量名称	变量符号	变量说明
控制变量	独立董事比例	*Indep*	独立董事人数/董事会人数
	股权集中度	*Herf*	赫芬达尔指数，前十大股东持股比例的平方和
	经营业绩	*ROA*	总资产收益率
	代理成本	*AC*	管理费用/主营业务收入
	高管持股比例	*Stock*	高管持股数/总股数
	实际控制人性质	*Right*	虚拟变量，国有控股企业取1，否则为0
	行业	*Ind*	虚拟变量
	年度	*Year*	虚拟变量

三、模型设定

为了检验行业内企业发生信用债违约事件是否会影响本企业的社会责任表现，本章借鉴既有研究方法设定了以下基准回归模型：

$$CSR_{i,t} = \alpha_0 + \alpha_1 IndD_{i,t-1} + \sum Controls_{i,t-1} + Ind + Year + \varepsilon \quad (8\text{-}1)$$

$$CSR_{i,t} = \beta_0 + \beta_1 IndS_{i,t-1} + \sum Controls_{i,t-1} + Ind + Year + \varepsilon \quad (8\text{-}2)$$

考虑到信用债违约的信用风险传染效应需要一段时间才能显现出来，因此将信用债违约变量取滞后一期值。为了缓解内生性问题的影响，对控制变量也取滞后一期值。如果回归结果显示α_1，β_1显著为正，则意味着企业信用债违约事件对同行业非违约企业的社会责任表现具有促进作用，即假设H1a得到支持。如果回归结果显示α_1，β_1显著为负，则表明企业信用债违约事件对同行业非违约企业的社会责任表现具有抑制作用，即假设H1b得到支持。

第四节 实证结果分析

一、描述性统计

表8-2报告了主要变量的描述性统计结果。其中，*CSR*的标准差为13.090，说明观测企业社会责任表现的得分差异较大；均值为20.864，而中值为20.740，表明超过半数观测值的社会责任表现得分低于均值。*IndD*的均值为0.597，说明有59.7%的观测值所在行业年度发生过企业信用债违约事件。*Right*的均值为0.342，意味着有34.2%的观测值为国有企业。

表8-2 变量描述性统计结果

变量	均值	标准差	最小值	P25	中值	P75	最大值
CSR	20.864	13.090	−18.450	14.780	20.740	26.010	90.010
IndD	0.597	0.490	0.000	0.000	1.000	1.000	1.000
IndS	11.622	9.613	0.000	0.000	17.747	20.052	21.877
Lev	0.432	0.205	0.061	0.267	0.421	0.582	0.904
Size	22.303	1.290	19.833	21.383	22.124	23.062	26.217
Grow	0.416	1.030	−0.695	−0.023	0.150	0.469	6.807
Board	8.500	1.684	3.000	7.000	9.000	9.000	18.000
Indep	3.152	0.556	1.000	3.000	3.000	3.000	8.000
Herf	0.154	0.109	0.016	0.073	0.123	0.206	0.555
ROA	0.032	0.069	−0.329	0.012	0.033	0.062	0.248
AC	0.095	0.076	0.009	0.046	0.078	0.119	0.454
Stock	0.066	0.131	0.000	0.000	0.001	0.054	0.616
Right	0.342	0.474	0.000	0.000	0.000	1.000	1.000

二、多元回归分析

表8-3列（1）和列（2）分别报告了模型（8-1）和模型（8-2）的回归结果。***IndD***的回归系数为-0.846，在1%的水平显著为负，***IndS***的回归系数为-0.042，同样在1%的水平显著为负，这说明企业信用债违约引发的信用风险传染能够显著抑制同行业非违约企业的社会责任表现，且随着信用债违约规模的扩大，信用风险传染的能力增强，对于同行业非违约企业社会责任表现的抑制作用也越大。由此，假设H1b得到支持。

表8-3　**信用债违约影响企业社会责任基准回归和稳健性检验的结果**

Panel A						
变量	（1）	（2）	（3）	（4）	（5）	（6）
IndD	-0.846***		-0.356***		-0.851***	
	（-3.73）		（-5.53）		（-2.88）	
IndS		-0.042***		-0.019***		-0.043***
		（-3.65）		（-5.75）		（-2.84）
Constant	-28.656***	-28.680***			103.924***	103.833***
	（-11.94）	（-11.95）			（12.22）	（12.20）
Controls	控制	控制	控制	控制	控制	控制
行业与年度	控制	控制	控制	控制		
个体与年度					控制	控制
N	14 260	14 260	14 260	14 260	14 260	14 260
R^2	0.237	0.237	0.053	0.053	0.235	0.235
变量	（7）	（8）	（9）	（10）	（11）	（12）
IndD	-0.946***		-0.766***		-0.865***	

续表

Panel A						
IndD	(−4.10)		(−3.50)		(−3.89)	
IndS		−0.046***		−0.119		−0.043***
		(−3.86)		(−1.20)		(−3.87)
$IndS^2$				0.004		
				(0.78)		
Constant	−16.547***	−16.605***	−28.652***	1.280***	−28.761***	−28.785***
	(−6.84)	(−6.86)	(−12.57)	(18.05)	(−11.68)	(−12.46)
Controls	控制	控制	控制	控制	控制	控制
Ind & Year	控制	控制	控制	控制	控制	控制
行业与年度	11 617	11 617	14 260	14 260	14 260	14 260
个体与年度	0.230	0.230	0.235	0.235	0.235	0.235
N	14 260	14 260	14 260	14 260	14 260	14 260
R^2	0.230	0.230	0.230	0.235	0.235	0.235

Panel B						
变量	PSM	实验组	控制组	差异	标准误	*T*值
CSR	ATT	19.919	21.877	−1.958***	0.315	−6.21

注：列（3）、列（4）、列（11）、列（12）括号内为*z*值，其他列括号内均为*t*值；***、**、*分别表示在1%、5%与10%的统计水平上显著。

三、稳健性检验

（一）使用和讯网企业社会责任综合评级衡量企业社会责任表现

该综合评级依据企业社会责任综合评分对企业社会责任表现进行了分级，共分为A、B、C、D、E 5个等级；本章设置定序变量*CSRR*，对应5个等级依次赋值5、4、3、2、1，并使用排序模型OLogit进行估计，回归结果报告于表8-3列（3）和列（4），*IndD*和*IndS*的回归系数显著为负，研究结论保持稳健。

（二）使用固定效应模型

考虑到OLS回归模型中可能存在因遗漏观测个体或年度异质性因素导致的结果不一致问题，因此本章使用固定效应模型对内生性问题加以控制；在控制了公司个体效应（*Firm*）和年度效应（*Year*）的基础上，利用组内估计量法进行估计；回归结果报告于表8-3列（5）和列（6），*IndD*和*IndS*的回归系数显著为负，研究结论保持稳健。

（三）自变量取滞后两期值

在基准回归中将自变量滞后一期能够减轻企业信用债违约与同行业非违约企业社会责任表现之间可能存在的反向因果关联而产生的内生性问题；同时在客观上，企业信用债违约事件对同行业非违约企业社会责任表现的传染效应也存在一定的时间滞后；据此，本章进一步将自变量取滞后两期值进行回归，回归结果报告于表8-3列（7）和列（8），*IndD*和*IndS*的回归系数显著为负，研究结论保持稳健。

（四）设置信用债违约门槛

考虑到部分小规模的信用债违约事件可能难以在行业内产生足够强的信用风险传染进而对非违约企业的社会责任表现产生明显影响，本章将行业年度信用债违约规模低于1 000万元的情形视为行业年度未发生过信用债违约；在设置了行业年度信用债违约门槛后重新对模型（8-1）进行回归，回归结果报告于表8-3列（9），*IndD*的回归系数显著为负，研究结论保持稳健。

（五）在回归模型中加入*IndS*的二次项

为了检验企业信用债违约规模与同行业非违约企业社会责任表现之间是否存在非线性关系，在回归模型（8-2）的基础上加入了*IndS*的二次项后进行回归，回归结果报告于表8-3列（10），*IndS*和$IndS^2$的回归系数均不显著，即排除了非线性关系，研究结论保持稳健。

（六）使用自助抽样法

使用自助抽样（Bootstrap）法进行500次有放回的重复抽样，回归结果报告于表8-3列（11）和列（12），*IndD*和*IndS*的回归系数显著为负，研究结论保持稳健。

（七）使用倾向得分匹配法

为了控制行业年度发生过信用债违约的企业观测值和未发生过信用债违约的企业观测值之间存在的异质性因素可能导致回归结果不一致的问题，本章使用倾向得分匹配法（PSM）进行检验。首先，基于研究设计中选取的控制变量作为特征变量，使用PSM进行一对一有放回的近邻匹配；其次，根据匹配后的样本观测值计算平均处理效应（ATT）。表8-3的Panel B报告的结果显示，实验组（*IndD*=1）和控制组（*IndD*=0）的平均处理效应在1%的水平存在负向显著差异。该结果说明，相较于行业年度未发生过信用债违约的非违约企业，行业年度发生过信用债违约的非违约企业社会责任表现更差，研究结论保持稳健。

四、拓展性分析

（一）影响机制检验

鉴于实证结果对企业信用债违约会抑制同行业非违约企业社会责任表现的支持，且基于研究假设部分的分析，企业信用债违约事件引发的信用风险传染可能通过降低同行业非违约企业的融资能力和经营能力的方式削弱其社会责任表现。为了对这一影响机制进行实证检验，设置两阶段回归模型检验中介效应。在第一阶段，使用模型（8-3）和（8-4）检验行业内企业是否发生信用债违约（行业内企业的信用债违约规模）对中介变量的影响，若α_1显著，则进行第二阶段；在第二阶段，将中介变量纳入基准回归模型（8-1）、模型（8-2），形成模型（8-5）、模型（8-6），若β_1、β_2均显著，则表明存在部分中介效应，若β_1不显著、β_2显著，则表明存在完全中介效应。

$$Med_{i,t} = \alpha_0 + \alpha_1 IndD_{i,t-1} + \sum Controls_{i,t-1} + Ind + Year + \varepsilon \quad (8-3)$$

$$Med_{i,t} = \alpha_0 + \alpha_1 IndS_{i,t-1} + \sum Controls_{i,t-1} + Ind + Year + \varepsilon \quad (8-4)$$

$$CSR_{i,t}=\beta_0+\beta_1 IndD_{i,t-1}+\beta_2 Med_{i,t}+\sum Controls_{i,t-1}+Ind+Year+\varepsilon \quad (8-5)$$

$$CSR_{i,t}=\beta_0+\beta_1 IndS_{i,t-1}+\beta_2 Med_{i,t}+\sum Controls_{i,t-1}+Ind+Year+\varepsilon \quad (8-6)$$

分别从企业经营能力和债务偿付能力两个路径检验行业内企业信用债违约产生的信用风险传染效应对企业社会责任表现的影响机制；参照既有研究（文雯、冯晓晴、宋衍蘅，2020），经营能力分别通过资产周转率（*Turnover*）（营业收入/总资产）、资产负债率（*Lev*）（总负债/总资产）和资产收益率（*ROA*）（营业利润/总资产）度量，债务偿付能力通过企业经营净现金流量和总负债的比率（*Solvency*）度量。中介效应检验的回归结果见表8-4。

表8-4　**信用债违约对企业社会责任影响机制检验的回归结果**

路径	资产周转率（*Turnover*）				资产负债率（*Lev*）			
变量	（1）	（2）	（3）	（4）	（5）	（6）	（7）	（8）
IndD	−0.020***	−0.796***			0.011***	−0.776***		
	（−3.01）	（−3.57）			（3.49）	（−3.50）		
IndS			−0.001***	−0.040***			0.001***	−0.039***
			（−2.88）	（−3.48）			（3.28）	（−3.42）
Med		2.503***		2.505***		−12.802***		−12.807***
		（8.76）		（8.77）		（−21.06）		（−21.07）
Constant	1.466***	−32.322***	1.465***	−32.347***	−0.874***	−31.936***	−0.874***	−31.958***
	（21.98）	（−13.99）	（21.97）	（−14.00）	（−29.06）	（−14.22）	（−29.05）	（−14.23）
Controls	控制	控制	控制	控制	控制	控制	控制	控制
行业与年度	控制	控制	控制	控制	控制	控制	控制	控制
N	14 260	14 260	14 260	14 260	14 260	14 260	14 260	14 260
R^2	0.318	0.240	0.318	0.240	0.401	0.249	0.401	0.247

续表

路径 变量	资产收益率（*ROA*）				债务偿付能力（*Solvency*）			
	（9）	（10）	（11）	（12）	（13）	（14）	（15）	（16）
IndD	-0.003**	-0.732***			-0.042***	-0.631***		
	（-2.50）	（-3.61）			（-6.71）	（-2.84）		
IndS			-0.000**	-0.039***			-0.002***	-0.032***
			（-2.31）	（-3.72）			（-6.50）	（-2.78）
Med		86.320***		86.325***		5.146***		5.148***
		（66.80）		（66.81）		（17.29）		（17.30）
Constant	-0.031**	-30.994***	-0.031***	-30.993***	0.349***	-30.428***	0.348***	-30.447***
	（-2.24）	（-14.52）	（2.25）	（-14.52）	（5.50）	（-13.48）	（5.47）	（-13.49）
Controls	控制	控制	控制	控制	控制	控制	控制	控制

注：括号内均为*t*值；***、**、*分别表示在1%、5%与10%的统计水平上显著。

表8-4列（1）至列（4）为以资产周转率为中介变量的回归结果；其中，列（1）和列（3）为第一阶段的回归结果，可见*IndD*和*IndS*的回归系数均显著为负，表明行业内企业发生信用债违约会显著降低企业的资产周转率；列（2）和列（4）为第二阶段的回归结果，可见*IndD*、*IndS*以及资产周转率的回归系数均显著，则说明资产周转率具有部分中介效应，即行业内发生信用债违约会通过降低企业的资产周转率从而抑制社会责任表现。列（5）至列（8）为以资产负债率为中介变量的回归结果；其中，列（5）和列（7）为第一阶段的回归结果，可见*IndD*和*IndS*的回归系数均显著为正，表明行业内企业发生信用债违约会显著提高企业的资产负债率；列（6）和列（8）为第二阶段的回归结果，可见*IndD*、*IndS*以及资产负债率的回归系数均显著，则说明资产负债率具有部分中介效应，即行业内发生信用债违约会通过提高企业的资产负债率从而抑制社会责任表现。列（9）至列（12）

为以资产收益率为中介变量的回归结果；其中，列（9）和列（11）为第一阶段的回归结果，可见*IndD*和*IndS*的回归系数均显著为负，表明行业内企业发生信用债违约会显著降低企业的资产收益率；列（10）和列（12）为第二阶段的回归结果，可见*IndD*、*IndS*以及资产收益率的回归系数均显著，则说明资产收益率具有部分中介效应，即行业内发生信用债违约会通过降低企业的资产收益率从而抑制社会责任表现。列（13）至列（16）为以债务偿付能力为中介变量的回归结果；其中，列（13）和列（15）为第一阶段的回归结果，可见*IndD*和*IndS*的回归系数均显著为负，表明行业内企业发生信用债违约会显著降低企业的债务偿付能力；列（14）和列（16）为第二阶段的回归结果，可见*IndD*、*IndS*以及债务偿付能力的回归系数均显著，则说明债务偿付能力具有部分中介效应，即行业内发生信用债违约会通过降低企业的债务偿付能力从而抑制社会责任表现。综上，行业内发生信用债违约引发的信用风险传染能够通过降低企业的经营能力和债务偿付能力抑制社会责任表现。

（二）异质性检验

1.产权性质的影响

为了检验行业内信用债违约事件对企业社会责任表现的影响在不同产权性质（*Right*）的企业间是否存在显著差异，依据企业实际控制人性质将样本观测值划分为国有控股公司和非国有控股公司并分别进行回归。回归结果报告于表8-5列（1）至列（4），可见*IndD*和*IndS*的回归系数在国企组中均不显著，而在非国企组中均显著为负，表明企业信用债违约事件对同行业非违约企业社会责任表现的抑制作用显著体现在非国有控股企业中。这可能是由于国有控股企业受到的政府支持和信用担保程度较高（Tsafack，Li，and Beliaeva，2021），较不易受到同行业企业信用债风险引发风险传染的负面影响。

表8-5　　信用债违约对企业社会责任表现异质性检验的回归结果

变量	产权性质（*Right*）				地区市场化程度（*Market*）			
	（1）国企	（2）非国企	（3）国企	（4）非国企	（5）高组	（6）低组	（7）高组	（8）低组
IndD	0.171	-1.229***			-0.359	-1.204***		
	（0.39）	（-4.80）			（-1.23）	（-3.60）		
IndS			0.013	-0.062***			-0.016	-0.061***
			（0.57）	（-4.75）			（-1.08）	（-3.55）
Constant	-40.573***	-21.971***	-40.602***	-22.005***	-19.110***	-38.222***	-19.149***	-38.238***
	（-10.27）	（-7.59）	（-10.28）	（-7.61）	（-5.60）	（-11.38）	（-5.61）	（-11.38）
Controls	控制	控制	控制	控制	控制	控制	控制	控制
行业与年度	控制	控制	控制	控制	控制	控制	控制	控制
N	4 876	9 384	4 876	9 384	6 726	7 534	6 726	7 534
R^2	0.259	0.221	0.259	0.221	0.253	0.230	0.253	0.230
变量	融资约束程度（*SA*）				融资需求程度（*Finance*）			
	（9）高组	（10）低组	（11）高组	（12）低组	（13）高组	（14）低组	（15）高组	（16）低组
IndD	-1.413***	-0.115			-0.492	-1.195***		
	（-4.37）	（-0.37）			（-1.58）	（-3.73）		
IndS			-0.075***	-0.005			-0.029*	-0.057***
			（-4.51）	（-0.29）			（-1.81）	（-3.51）
Constant	-26.683***	-29.449***	-26.650***	-29.697***	-24.948***	-32.075***	-25.225***	-32.080***
	（-7.70）	（-9.66）	（-7.69）	（-9.72）	（-7.95）	（-9.66）	（-8.01）	（-9.68）
Controls	控制	控制	控制	控制	控制	控制	控制	控制
行业与年度	控制	控制	控制	控制	控制	控制	控制	控制
N	7 136	7 124	7 136	7 124	7 132	7 128	7 132	7 128
R^2	0.218	0.259	0.217	0.260	0.233	0.236	0.232	0.236

注：括号内均为*t*值；***、**、*分别表示在1%、5%与10%的统计水平上显著。

2.地区市场化程度的影响

为了检验行业内信用债违约事件对企业社会责任表现的影响在地区市场化程度不同的企业间是否存在显著差异，依据企业所在省份的地区市场化指数（*Market*）的中位数将样本观测值划分为地区市场化程度高组和地区市场化程度低组并分别进行回归。回归结果报告于表8-5列（5）至列（8），可见*IndD*和*IndS*的回归系数在地区市场化程度高组中均不显著，而在地区市场化程度低组中均显著为负，表明企业信用债违约事件对同行业非违约企业社会责任表现的抑制作用显著体现在地区市场化程度较低的企业中。这可能是由于市场化程度较高的地区信息透明度更高，投资者能够依据更多有效信息及时掌握企业的信用风险动态。

3.融资约束程度的影响

为了检验行业内信用债违约事件对企业社会责任表现的影响在融资约束程度不同的企业间是否存在显著差异，本章依据企业规模（*Size*）和上市年龄（*Age*）构建*SA*指数衡量企业年度的融资约束程度（Hadlock and Pierce，2010），具体计算方式为：

$$-0.737 \times Size + 0.043 \times Size^2 - 0.040 \times Age^2$$

*SA*越小，表明企业面临的融资约束程度越高；之后依据*SA*指数的中位数将样本观测值划分为融资约束程度高组和融资约束程度低组并分别进行回归。回归结果报告于表8-5列（9）至列（12），可见*IndD*和*IndS*的回归系数在融资约束程度低组中均不显著，而在融资约束程度高组中均显著为负，表明企业信用债违约事件对同行业非违约企业社会责任表现的抑制作用显著体现在融资约束程度较高的企业中。这可能是由于融资约束程度较低的企业能够以更低的成本获取更多融资，因此受到信用风险传染的负面影响较小。

4.融资需求程度的差异

为了检验行业内信用债违约事件对企业社会责任表现的影响在融资需求程度不同的企业间是否存在显著差异，本章依据企业规模（*Size*）和总资产收益率（*ROA*）计算企业年度的融资需求程度（*Finance*）（卢太平、张东旭，2014），具体计算方式为：

$$\frac{Size_t - Size_{t-1}}{Size_t} - 1 - \frac{ROA_t}{1 - ROA_t}$$

Finance 越大，表明企业面临的融资需求程度越高，之后依据 *Finance* 的中位数将样本观测值划分为融资需求程度高组和融资需求程度低组并分别进行回归。回归结果报告于表8-5列（13）至列（16），可见 ***IndD*** 和 ***IndS*** 的回归系数在融资约束需求高组中的显著性水平弱于融资需求程度低组，表明企业信用债违约事件对同行业非违约企业社会责任表现的抑制作用显著体现在融资需求程度较低的企业中。这可能是由于融资需求程度较高的企业即使受到信用风险传染的影响也会尽可能地维持社会责任投入以换取市场口碑和融资便利。

第五节　结论与启示

近年来频发的大规模企业信用债违约事件，不仅给违约企业的市场信誉和融资经营活动造成了负面冲击，也通过信用风险的传染给市场中相关非违约企业带来了不利影响。本章基于信用风险的传染效应，以2014—2020年中国A股上市公司为观测对象，实证检验了企业信用债违约事件对同行业非违约企业社会责任表现的影响及作用机制，得出的结论如下：

第一，企业信用债违约事件会抑制同行业非违约企业的社会责任表现。

第二，影响机制检验表明，企业信用债违约事件引发的信用风险传染会降低同行业非违约企业的融资能力和经营能力，进而抑制同行业非违约企业的社会责任表现。

第三，企业信用债违约事件对同行业非违约企业社会责任表现的抑制作用主要体现在非国有控股、地区市场化程度较低、融资约束程度较高或融资需求程度较低的企业中。

研究结果可能具有以下启示：

第一，有利于投资者深入认识信用债违约引发风险传染可能给非违约企业造成的经济影响，并根据企业的内外部异质性特征有效把握投资对象的信用风险属性并索取合理的风险溢价，提升投资者的资产配置效率和投资效率。

第二，政府监管部门应重视和强化发债主体信用风险审查，动态监测信用债违约风险形势，建立和完善信用债违约预警机制等防控政策措施，精准识别和防控市场风险，避免系统性风险的出现，促进金融体系稳定健康发展。

第三，由于中小型民营企业的抗风险能力和融资能力显著弱于国有企业，因此政府监管部门一方面应逐步取消对国有企业债务的隐性担保，打破国有企业债券的刚性兑付潜规则；另一方面也应积极拓宽中小型企业的融资渠道，降低民营企业的融资成本，从而提升非国有企业的风险承担能力和资金利用效率，营造公平有序的金融市场环境。

第九章　债务违约风险对审计质量的影响

第一节　问题的提出

当今全球经济体系中金融市场动荡不安，企业财务管理也充满复杂性。在金融市场中，企业的债务违约风险是一个备受关注的议题。2017年7月，国务院金融稳定发展委员会[①]首次会议在习近平总书记的主持下，着重探讨了深化金融监管以及预防金融风险的重要性，尤其是针对金融机构债务风险的密切关注。而到了2018年，全国金融工作会议聚焦防范系统性金融风险，尤其是债务违约风险，同时研讨了提升金融服务质量以及金融市场稳定性的有效措施。2021年，全国金融

① 2023年9月24日，中共中央办公厅、国务院办公厅调整中国人民银行职责机构编制，不再保留国务院金融稳定发展委员会及其办公室。将国务院金融稳定发展委员会办公室职责，划入中央金融委员会办公室。

监管工作会议进一步强调了金融监管的强化，特别是针对房地产市场以及地方政府债务风险，以切实控制债务违约风险，维护金融体系的稳健发展。

审计，作为独立的经济监督活动，其质量直接关系到审计报告的可靠性和公信力，是保障资本市场健康运行的重要机制之一。高质量的审计能够揭示企业的真实财务状况和经营风险，为投资者、债权人、监管机构等利益相关者提供客观、准确的决策依据。因此，在债务违约风险日益加剧的背景下，研究其对审计质量的影响，可以揭示公司治理结构中的薄弱环节，为完善公司治理结构提供有益的参考，能够督促公司加强内部控制，提高经营管理水平，降低债务违约风险。同时，高质量的审计有助于债权人更准确地评估债务人的偿债能力，从而作出更加合理的信贷决策，保护自身利益不受损害。此外，高质量的审计能够帮助审计机构发现审计过程中存在的问题和不足，推动审计行业加强自律和监管，提升审计工作的专业性和独立性，进而提升审计行业的公信力。

本章探究债务违约风险对审计质量的影响机制，旨在深入剖析审计在应对债务违约风险中所发挥的作用，以期能够更全面、系统地理解其内在机制，进而为审计实践提供更为科学、有效的指导。一方面，深入研究债务违约风险对审计质量的影响，有助于拓展审计质量的理论体系，有助于审计从业人员更好地理解债务风险情境，增强审计程序的敏感性，保障审计结果的可靠性。另一方面，提升企业风险管理实践水平。对债务违约风险和审计之间关系的深入剖析，有助于企业更好地了解并管理其财务风险，更有针对性地制定风险管理策略，提高财务健康状况。

第二节 相关文献与研究假设

一、相关文献

债务违约风险的经济后果，在企业层面体现为债务违约风险对企业内部创新效率、融资成本和社会责任履行的显著影响。伴随债务违约风险而来的研发强度下降现象，成为影响企业创新效率的关键因素之一（王守海、刘烨炜、张瀛之，2023）。企业的融资成本会随着债务违约风险的降低而减少（杜善重、马连福，2024；王文彦、张红梅，张目，2024），债务违约风险的降低有利于缩小企业发行债券的价差（贾秀彦、杜运潮、徐凤菊，2024）。较低的债务违约风险有助于促使企业承担更多社会责任（钟娟、陈昕、魏彦杰，2024；董晓泽，2020）。在宏观层面，债务违约风险可能引发系统性金融风险，影响外部投资者和其他企业。杜会丽（2023）研究发现外部投资者的投资积极性会受到企业债务违约风险的影响，这会进一步影响到股票的流动性，从而影响金融市场。债务违约风险的影响会蔓延到其他企业，通过担保链传染后发生连锁反应，带来较坏的影响（张一林、郁芸君、蒲明，2022）。

DeFond和Zhang（2014）指出，审计质量与审计师的独立性、专业素养、审计程序的执行以及审计意见的发表等因素密切相关。审计师应当保持独立、客观，执行审计程序时应当遵循国际审计准则，秉持专业精神，全面收集审计证据，切实履行审计职责。审计质量的提高需要审计师具备高水平的专业知识和职业道德，同时也需要监管部门和利益相关者的有效监督和配合。审计质量的影响因素可分为审计机构因素与企业因素。在审计机构因素方面，刘文军（2014）研究发现，一旦客户和事务所之间的物理距离较近，那么审计师更易与客户取得联系，同时方便其通过各种方式获取公司信息，降低被审计公司舞弊的可能性，从而提高审计质量。孙昭愚等（2021）研究发现规模较大的事务所客户覆盖范围更广、客户数量更多，这会使其保持自己的审计独立性，因为每个客户审计费用占总费用百分比较小，很好地稀释了这些事务所对某一事务所的特殊依赖，从而使其审计结果更具真实性和独立性，从而提升审计质量。张旺峰（2018）和吴昊旻等（2015）也发现，事务所规模越大，其审计质量也更高。在企业因素方面，企业更倾向于选择业界声誉较好的事务所（赵艳秉、李青原，2016），以期通过此举提升审计质量（毛丽娟、陶蕾，2014）。叶陈刚等（2015）研究发现公司监事人数和机构投资者的持股比例均是影响审计质量的关键因素。李世辉等（2021）发现影子银行规模扩大会使审计费用增加，进而提升审计质量。企业内部控制对审计质量也有一定程度的影响（Agustine et al.，2013）在绿色金融政策实施后，绿色企业有可能获得有利的审计意见，支付更低的审计费用，并生成更高质量的财务报告（Tian and Pan，2024）。

关于债务违约风险与审计的相关研究，已有研究主要关注了审计费用、审计师行为以及审计意见购买行为等。汤志飞（2023）基于关键审计事项披露角度，发现关键审计事项披露的数量会随着公司债务违约风险升高而升高，这会进一步导致审计费用的上升，该结果与王娟和苏红玉（2022）的结论相吻合。

综上所述，债务违约风险和审计质量是企业财务管理和审计领域的核心概念，它们直接关系到企业的经营稳定和市场信誉。虽然关于债务违约风险的经济后果以及其与审计的关系形成了一些研究成果，但有关债务违约风险对审计质量的影响仍需要进一步研究。本章研究两者的关系有助于揭示企业财务报表的真实性和稳健性，为提高审计质量提供理论支持和实践指导。

二、研究假设

审计保险理论（Wallace，1982）认为审计质量受到审计师责任意识和激励结构的影响。根据审计保险理论，债务违约风险的增加可能会对审计质量产生负面影响。

首先，高债务违约风险意味着企业面临着更大的偿债压力，可能导致企业在财务报表中进行不当的会计处理或者欺诈行为。这种情况下，审计师可能面临更大的审计困难，难以准确评估企业的财务状况，从而降低了审计质量。

其次，高债务违约风险可能导致企业的财务状况更加复杂，涉及更多的会计政策选择和估计。审计师需要投入更多的时间和资源来理解企业的业务模式、财务结构以及企业对相关会计准则的运用，以确保采取审计程序的合理性和准确性。然而，财务报表过于复杂或者存在重大的财务不确定性，会导致审计风险增加，从而影响审计质量。高债务违约风险还可能会增加审计师面临的法律责任和道德风险。面对债权人的索赔或者诉讼，审计师可能会感受到压力，导致审计程序的不当调整或者审计报告的不准确表述，进而影响审计质量。

债务违约风险对审计质量的直接影响可以从企业资源与资金投入、内部控制、信用评级和法律法规的遵从等角度来分析。

首先，从资金投入的角度来看，债务违约风险低的公司通常具有更多的资源和更充足的资金用于审计程序。他们可能聘请更知名、更有经验的审计师事务所，或是实施更严格的审计流程，从而提高审计质量。

其次，债务违约风险低的公司通常具有更健全、更有效的内部控制机制，能够有效地防止错误和欺诈行为的发生。这降低了审计师对内部控制的关注度，使他们能够更专注于核实财务报表的准确性。根据舞弊风险因子理论，债务违约风险低的公司通常拥有更高的信用评级，其舞弊的可能性较低，这可以降低融资成本并提高公司声誉（刘正军、张小虎，2024）。为了维持这种信用评级，公司可能会更加重视财务报表的准确性，从而促使审计师更加严格地执行审计程序，提高审计质量。更重要的是，债务违约风险较低的公司往往更加注重遵守法律法规，避免违规行为的发生（余宏泽，2024），这有助于审计师更轻松地获取相关资料并执行审计程序，提高审计质量。

债务违约风险对审计质量也会产生间接影响：债务违约风险的降低，可以通过影响会计信息质量，进而影响审计质量。债务违约风险降低，可能意味着企业提高了会计信息质量。首先，企业为了降低债务违约风险，通常会加强内部控制机制，确保财务数据的准确性和完整性。这包括建立更严格的会计制度、加强财务报告的编制流程，以及加强内部审计和监督等。这些举措有助于防止财务数据的错误和造假，提高了会计信息的可靠性（庞道振，2024），并降低了审计核查风险。会计信息不对称会导致投资者无法辨别企业真实的经营状况和财务状况（刘承伟、钟月珊，2024），这给外部审计人员造成一定程度的干扰。多项研究表明会计信息可比性和稳健性的改进是促进审计质量提高的重要路径（曾祥飞、王婷婷、张婷，2024；陈维龙、王芙蓉，2024），会计信息公开披露能有效提升审计质量（朱逸才、曲吉林，2024）。债务违约风险降低后，企业可能更加谨慎和透明地编制财务报表，减少会计政策的主观性和误导性，以确保财务报表能够准确地反映企业的财务状况和经营绩效。这些措施有助于提高财务报表的透明度和准确性，为审计工作提供了更为可靠的基础。基于利益相关者角度，当企业的会计信息质量得到提高时，投资者和其他利益相关者更容易对企业的财务状况和业务表现产生信任和认可。他们对企业的财务报表和审计报告更为信任，更愿意投资于企业或与企业进行业务往来。这种信任和认可有助于提高企业的声誉和形象，进一步推动企业加强会计信息质量和审计质量的管理和监督。

基于上述分析，提出本章研究假设：

H1：企业的债务违约风险越低，审计机构的审计质量越高。

第三节 实证研究设计

一、样本选择与资料来源

本章选取了2013—2022年沪深两市A股上市公司面板数据作为原始样本，剔除了金融行业与ST公司数据。为避免极端数据对研究结果的影响，对所有连续变量在1%和99%的水平上进行了缩尾处理，共获得20 611个公司-年度样本。所有数据均来自国泰安数据库。

二、变量定义

（一）被解释变量

在探讨审计质量的影响因素时，学术界常提及审计费用、审计意见、事务所规模以及盈余管理等几个关键要素。赵艳秉和张龙平（2017）强调，这些替代指标在审计质量的实际评估中各有其适用性差异。特别是，相较于其他指标，事务所规模在作为审计质量的替代程度上表现最差（王泽霞等，2010）。当前多数学者倾向于将审计意见激进视为审计质量的重要替代指标之一。

参考王梦迪等（2022），采用模型（9-1）计算在审计师发表的所有审计意见中，非标准审计意见的发表概率，该模型公式中包含了速动比率（*Quick ratio*）、应收账款比率（*AR*）、其他应收款比率（*Other*）、存货比率（*INV*）、盈利水平（*ROA*）、上市年限（*Listage*）等10个控制变量。

$$MAO_s = \alpha_0 + \alpha_1 Quick\ ratio + \alpha_2 AR + \alpha_3 Other + \alpha_4 INV + \alpha_5 ROA + \alpha_6 Loss + \alpha_7 Lev + \alpha_8 Size + \alpha_9 Listage + \alpha_{10} Indu \quad (9\text{-}1)$$

为了衡量审计报告的激进性，采用模型（9-2），比较根据用上文模型（9-1）计算的非标准审计意见概率与注册会计师实际发表的审计意见（其中非标准审计意见标记为1，其他情况标记为0），通过两者之间的差值来评估。所得到的*ARAGG*值越高，则意味着审计报告的激进性越强，进而反映出审计质量相对较低。这种计算方法有助于更准确地评估审计报告的可靠性和审计质量。

$$ARAGG = MAOs - Actualopinion \tag{9-2}$$

（二）解释变量

解释变量为债务违约风险（*EDF*），参考并借鉴Bharath和Shumway（2008）等的研究，采用违约概率进行度量。

首先，根据模型（9-3）计算违约距离（*DD*）：

$$DD_{i,t} = \frac{log\left(\frac{Equity_{i,t} + Debt_{i,t}}{Debt_{i,t}}\right) + \left(r_{i,t-1} - \frac{\sigma_{Vi,t}^2}{2}\right) \times T_{i,t}}{\sigma_{Vi,t} \times \sqrt{T_{i,t}}} \tag{9-3}$$

其中：$Equity_{i,t}$为公司年末总市值；$Debt_{i,t}$为债务的面值，设定为全部短期负债与一半的长期负债之和；$r_{i,t-1}$是前一年的股票收益率；$T_{i,t}$是债务期限，设为1；以及$\sigma_{Vi,t}$是公司资产波动率的估计量，通过模型（9-4）来计算。

$$\sigma_{Vi,t} = \frac{Equity_{i,t}}{Equity_{i,t} + Debt_{i,t}} \times \sigma_{Ei,t} + \frac{Debt_{i,t}}{Equity_{i,t} + Debt_{i,t}} \times (0.05 + 0.25 \times \sigma_{Ei,t}) \tag{9-4}$$

其中：$\sigma_{Ei,t}$代表公司股票回报率波动率，等于前一年股票月度回报率的标准差。

最后，通过模型（9-5），将违约距离转换为标准累积正态分布函数。

$$EDF_{i,t} = Normal(-DD_{i,t}) \tag{9-5}$$

（三）控制变量

本章控制变量指标涵盖了企业的规模、盈利能力、成长性、股权结构和现金流状况。具体而言，企业的规模通过其总资产的对数来体现，净资产收益率则揭示了企业的盈利水平。成长性则是通过比较当期与上期营业收入的差异来评估。此外，股东结构的重要性由前十大股东持股比例来展示，而现金流量比率则精确反映了企业现金流入与流动负债的关系。表9-1是各变量类型、名称以及详细定义。

表9-1　　**变量定义与说明**

变量类型	变量名称	变量符号	变量说明
被解释变量	审计质量	*ARAGG*	审计激进度，根据模型（9-2）算出
解释变量	债务违约风险	*EDF*	债务违约概率（使用KMV方法计算的违约概率衡量）
控制变量	公司规模	*Size*	年末总资产取对数
	净资产收益率	*ROE*	净利润/股东权益
	企业成长性	*Growth*	（当期营业收入-上期营业收入）/上期营业收入
	前十股东持股比例	*Top*10	前十股东持股数/总股数
	现金流量比率	*Cashflow*	经营活动产生的现金净流量/期末流动负债

三、模型设定

为检验研究假设，本章构建双向固定效应模型进行检验债务违约风险如何影响审计质量。具体模型设定如式（9-6）所示：

$$ARAGG_{i,t} = \beta_0 + \beta_1 EDF_{i,t} + \beta_2 Controls_{i,t} + u_i + v_t + \varepsilon_{i,t} \quad (9\text{-}6)$$

其中：u_i表示个体固定效应；v_t表示时间固定效应；*Controls*表示控制变量；$\varepsilon_{i,t}$表示残差项。

第四节 实证结果分析

一、描述性统计

表9-2为所有变量的描述性统计结果。

表9-2 **变量描述性统计结果**

变量名称	绝对值	平均值	标准差	最小值	最大值
ARAGG	20 611	0.000	0.148	−0.966	0.240
EDF	20 611	0.017	0.459	−3.929	4.424
Size	20 611	22.414	1.295	20.019	26.434
ROE	20 611	0.056	0.132	−0.926	0.437
Growth	20 611	0.160	0.375	−0.514	2.327
*Top*10	20 611	56.559	14.913	21.926	90.974
Cashflow	20 611	0.046	0.064	−0.196	0.267

本章被解释变量审计质量（*ARAGG*）均值为0，最小值为-0.966，最大值为0.240，表明样本观测企业在审计质量方面存在一定差异，且整体平均水平相对较低。

解释变量债务违约风险（*EDF*）最小值为-3.929，最大值为4.424，均值为0.017，表明样本对象整体债务违约率不高。

公司规模（*Size*）均值为22.414，净资产收益率（*ROE*）均值为0.056，表明样本企业平均净资产收益率仅为5.6%，整体盈利能力相对较弱。

成长性（*Growth*）最小值为-0.514，最大值为2.327，表明不同企业成长性之间有一定差异。

前十大股东持股比例（*Top*10）均值为56.559，表明前十大股东平均持股比例约为56.56%，其标准差为14.913，表明不同企业之间前十大股东持股比例差异较大。

现金流比率（*Cashflow*）均值为0.046，标准差为0.064，该指标波动较小。会计信息质量均值为0.540，最小值为0，最大值为1.384，标准差为0.299，可以看出整体会计信息质量差异不大。

二、多元回归分析

表9-3为多元回归分析结果，在未加入控制变量的初始分析中，即列（1），尽管没有考虑其他影响因素，但通过把握行业和年份的固定效应，结果显示企业债务违约风险（*EDF*）的回归系数为0.009，并且在1%的水平上显著，这一发现意味着债务违约风险的降低与审计质量的提升之间存在显著的正向关联，这与的主要假设相吻合。进一步地，在引入控制变量的列（2）分析中，依旧控制了行业和年份的固定效应，从而为这一关系提供了更为严谨的验证。

表9-3　　**债务违约风险影响审计质量的回归结果**

变量	（1）	（2）
	ARAGG	*ARAGG*
EDF	0.009***	0.008***
	（4.48）	（4.31）
Size		−0.010**
		（−2.50）
ROE		−0.032*
		（−1.76）
Growth		0.012***
		（3.14）

续表

变量	(1)	(2)
	ARAGG	*ARAGG*
*Top*10		0.001***
		(4.14)
Cashflow		0.005
		(0.23)
Constant	0.000	0.175**
	(0.03)	(1.98)
行业固定效应	控制	控制
年份固定效应	控制	控制
N	20 611	20 611
$Adj\text{-}R^2$	0.185	0.187

注：括号内为*t*值，***、**、*分别表示在1%、5%与10%的统计水平上显著。

回归结果显示，在考虑了相关控制变量因素影响后，*EDF*回归系数为0.008，且同与第（1）列相同，皆在1%的水平上显著，即企业债务违约风险对审计质量呈显著负影响，企业债务违约风险越低，审计质量越高，与假设相一致。

三、稳健性检验

（一）改变样本区间

考虑到2020—2022年很多企业受疫情影响经营业绩不佳，剔除此段期间样本数据，保留2013—2019年样本进行稳健性检验。经过对模型（9-5）进行回归，结果见表9-4列（1），*EDF*回归系数达到了0.009，并且在1%的水平上显著。该结果与假设一致，表明债务违约风险的降低对提升审计质量的重要作用。

表9-4　　债务违约风险影响审计质量的稳健性检验结果

变量	(1) 改变样本区间 *ARAGG*	(2) 替换解释变量 *ARAGG*
EDF	0.009***	
	(3.58)	
Zcore		0.004***
		(4.09)
Size	-0.011**	-0.008**
	(-2.20)	(-2.58)
ROE	0.001	-0.032
	(0.06)	(-1.59)
Growth	0.009*	0.012***
	(1.89)	(3.02)
*Top*10	0.000	0.0001***
	(0.67)	(3.30)
Cashflow	0.000	0.005
	(0.01)	(0.19)
Constant	0.242**	0.145*
	(2.12)	(1.86)
行业固定效应	控制	控制
年份固定效应	控制	控制
N	13 654	20 611
Adj-R^2	0.245	0.187

注：括号内为t值，***、**、*分别表示在1%、5%与10%的统计水平上显著。

（二）替换解释变量

参考贾雅茹等（2024），本章采用*Zscore*度量债务违约风险。经过重新对模型（9-5）进行回归，结果见表9-4列（2），*Zscore*回归系数为0.004，并且在1%的水平上显著得以验证。稳健性检验结果与原始假设完全一致，由此证明，本章研究结论具有一定的稳健性，揭示了债务违约风险的降低对提升审计质量的重要作用。

四、机制分析

根据前文假设，债务违约风险会通过影响会计信息质量，进而影响审计风险。为验证这一作用机制，本章参考了Dechow（1995），使用修正Jones模型计算出的非操纵应计利润的绝对值（*AbsDA*）来代表会计信息质量，具体计算过程见模型（9-7）至模型（9-10）。其中*TA*指总应计利润，其为营业利润和经营活动现金流净额之差，*NDA*为非操纵性应计利润，*DA*为操纵性利润，其绝对值越大，盈余管理空间越大，会计信息质量越低。

$$\frac{TA_{i,t}}{A_{i,t-1}} = \beta_0 \frac{1}{A_{i,t-1}} + \beta_1 \frac{\Delta REV_{i,t}}{A_{i,t-1}} + \beta_2 \left(\frac{PPE_{i,t}}{A_{i,t-1}} \right) + \varepsilon_{i,t} \tag{9-7}$$

$$NDA_{i,t} = \hat{\beta}_0 \frac{1}{A_{i,t-1}} + \hat{\beta}_1 \frac{\Delta REV_{i,t} - \Delta REC_{i,t}}{A_{i,t-1}} + \hat{\beta}_2 \left(\frac{PPE_{i,t}}{A_{i,t-1}} \right) \tag{9-8}$$

$$DA_{i,t} = \frac{TA_{i,t}}{A_{i,t-1}} - NDA_{i,t} \tag{9-9}$$

$$AbsDA_{it} = |DA_{i,t}| \tag{9-10}$$

机制分析参考温忠麟（2014）的中介效应检验方法，由模型（9-11）与模型（9-12）来进行验证。

$$AbsDA_{it} = \alpha_0 + \alpha_1 EDF_{it} + \alpha_2 Controls_{it} + \varepsilon_{it} \tag{9-11}$$

$$ARAGG = \gamma_0 + \gamma_1 EDF_{it} + \gamma_2 AbsDA_{it} + \gamma_3 Controls_{it} + \theta_{it} \tag{9-12}$$

通过面板模型，模型均控制了所有控制变量以及固定效应，估计结果见表9-5。列（1）中，*EDF*对*AbsDA*影响的估计系数显著为正；进一步来看，列（2）估计结果显示，*EDF*估计系数为0.008，且在1%的水平上显著为正。这一结论表明，会计信息质量的中介机制存在：债务违约风险的降低提升了会计信息质量，继而提高了审计质量。

表9-5　　　会计信息质量的中介机制分析结果

变量	(1)	(2)
	AbsDA	*ARAGG*
EDF	0.008*	0.008***
	(1.66)	(3.95)
AbsDA		0.104***
		(23.55)
Size	−0.005	−0.009**
	(−0.82)	(−2.46)
ROE	0.045**	−0.037**
	(2.04)	(−2.13)
Growth	0.034***	0.009**
	(5.04)	(2.32)
*Top*10	0.000	0.001***
	(0.30)	(4.24)
Cashflow	−0.101**	0.016
	(−2.21)	(0.70)
Constant	0.651***	0.107
	(4.47)	(1.27)
行业固定效应	控制	控制
年份固定效应	控制	控制
N	20 611	20 611
$Adj\text{-}R^2$	0.129	0.230

注：括号内为*t*值，***、**、*分别表示在1%、5%与10%的统计水平上显著。

五、异质性分析

本章根据行业类型和地区差异分别对研究假设进行异质性分析和分组回归检验，回归结果见表9-6。

表9-6 债务违约风险影响审计质量的企业资产密集型异质性分析

变量	资产密集型	非资产密集型
	ARAGG	*ARAGG*
EDF	0.007	0.009***
	(1.64)	(4.09)
Size	−0.008	−0.010**
	(−0.940)	(−2.19)
ROE	−0.120***	−0.004
	(−3.17)	(−0.18)
Growth	0.017*	0.009**
	(1.81)	(2.14)
*Top*10	0.001**	0.001***
	(2.43)	(2.91)
Cashflow	−0.053	0.020
	(−0.81)	(0.77)
Constant	0.130	0.182*
	(0.71)	(1.80)
行业固定效应	控制	控制
年份固定效应	控制	控制
N	3 920	16 668
$Adj\text{-}R^2$	0.201	0.203

注：括号内为t值，***、**、*分别表示在1%、5%与10%的统计水平上显著。

（一）企业资产密集型异质性分析

表9-6为根据资产密集特点进行的分组回归结果，根据资产密集度将样本观测企业划分为资产密集型企业和非资产密集型企业，其中资产密集型企业观测值3 920个，非资产密集型企业观测值16 668个，根据分组回归结果可知，当企业属于资产密集型企业时，*EDF*回归系数为正且不再显著；而当企业属于非资产密集型企业时，*EDF*回归系数为0.009，且在1%的水平显著，这一结果表明，企业债务违约风险对审计质量的影响在不同行业类型中存在显著差异，这说明当企业为非资产密集型时，企业债务违约风险降低对审计质量的提升作用更强。

（二）地区异质性分析

中国各地区在经济发展上呈现出多样化的特点，依据企业所在不同地理位置进行划分有助于更深入地探究不同地域背景下企业的特征及其影响。本章将样本中的企业地理位置进一步细分为位于东部地区与位于中西部地区，回归结果见表9-7。根据分组回归的结果（见表9-7），当企业位于东部地区时，*EDF*的回归系数为0.008，且这一系数在1%的水平上显著；相比之下，当企业属于中西部地区时，*EDF*的回归系数则为0.008，在5%的水平上显著。两个回归系数的绝对值相等，这一对比揭示了企业债务违约风险与审计质量之间的关系无地区异质性，地区间的经济环境和企业发展水平对于企业债务违约风险对审计质量的影响并未呈现出明显的地域性差异。

表9-7　**债务违约风险影响审计质量的地区异质性分析**

变量	东部	中西部
	ARAGG	*ARAGG*
EDF	0.008***	0.008**
	3.74	2.06

续表

变量	东部	中西部
	ARAGG	*ARAGG*
Size	−0.004	−0.018**
	−0.94	−2.34
ROE	−0.051**	0.012
	−2.34	0.35
Growth	0.014***	0.007
	3.00	1.04
*Top*10	0.001***	0.000
	4.73	0.98
Cashflow	0.018	−0.027
	0.64	−0.64
Constant	0.040	0.394**
	0.37	2.30
行业固定效应	控制	控制
年份固定效应	控制	控制
N	14 425	14 425
$Adj\text{-}R^2$	0.163	0.163

注：括号内为*t*值，***、**、*分别表示在1%、5%与10%的统计水平上显著。

第五节　结论与启示

本章选取2013—2022年沪深A股市场上市公司面板数据，考察了债务违约风险与审计质量之间的内在联系。采用固定效应模型，并引入会计信息质量进行机制检验。从企业是否为资产密集型、在东部或中西部地区两个方面进行异质性分析，本章得到的研究结论如下：

第一，企业面临的债务违约风险显著负向影响审计质量。即降低企业债务违约可能性，能够提高审计机构的审计质量。基于这一发现，可以推断，在稳健的财务状况下，企业更有可能获得精确和严格的审计评估，从而确保了其报告的可靠性和透明度。这不仅有助于企业自身的健康发展，也为投资者和市场监督机构提供了重要的决策依据。

第二，机制分析表明，债务违约风险降低可以通过提升会计信息质量，进而提升审计机构审计质量。这些发现为进一步理解债务违约风险与审计质量之间的关系提供了新的视角。

第三，债务违约风险对审计质量的影响在不同行业之间存在显著的异质性，在各区域间无明显异质性。在企业异质性方面，这种影响主要体现在非资本密集型企业中；而在地区层面，该影响在东部地区和中西部地区无显著差异。

针对债务违约风险对审计质量产生的负面影响，本章提出以下对策建议。

第一，政府要对审计机构诚信度进行严格评估，加大对失信审计机构的惩罚力度。还要加强审计人员的培训与交流，提高其风险识别和防范能力。建立定期培训机制，为了增强审计人员对各类行业和企业类型的审计风险识别与应对能力，应加强对他们职业道德和专业素养的培养，以确保其具备更全面的专业素养和更敏锐的风险意识。

第二，加强上市公司的债务风险管理，降低债务违约风险。建立完善的风险管理体系，加强对债务水平、偿债能力等关键指标的监测和预警，及时采取有效措施应对潜在的债务违约风险。同时，也要不断提升企业的会计信息质量，使会计报表等信息做到精准、可靠，加强财务报告的透明度，尽可能地披露企业的财务状况和经营绩效，减少信息的不确定性。透明度高的财务报告有助于降低债务违约风险，增强投资者和债权人的信心，从而提高会计信息的质量。企业也应加强内部审计工作，及时识别和评估债务违约风险，采取相应的措施加以化解。通过加强风险管理和内部审计，可以有效预防和控制债务违约风险，提高会计信息的质量和可靠性。

第三，监管部门可以加大对财务报表的审核力度，确保企业提供的会计信息真实可靠。同时，建立健全风险预警机制，及时发现和解决企业财务风险问题，为投资者和债权人提供可靠的信息，促进企业健康发展和经济稳定增长。

第十章　地方国企首次债务违约对地区信用环境的影响

第一节　问题的提出

债券，作为资本市场的重要融资工具，不仅是企业拓宽融资渠道的关键途径，也是支撑我国实体经济蓬勃发展的坚实桥梁。近年来，随着我国债券市场的快速发展，交易规模持续扩大，债券品种日益丰富，为经济发展注入了强劲动力。然而，自2014年我国债券市场首次出现实质性违约事件以来，尤其是2015年国有企业违约的先例，信用债违约事件频发，数量和规模均呈现扩大趋势，市场在2014—2021年更是经历了四次显著的“违约潮”，给投资者信心、区域投资环境乃至整个金融市场带来了深远影响。在中国经济步入新常态的背景下，信用环境的变化与债券市场的健康发展紧密相连。特别是民企违约潮后，地方性国有企业（简称“地方国企”）的债券违约事件逐渐增多，其影响范围也在不断扩大。地方国企作为地方经济的重要支柱，在产业升级、民生保障及创新发展等方面发挥着不可替代的作用（周健君、胡有林，2021）。因此，地方国企的负面信用事件对地区经济的波及效应尤为显著，不仅关乎企业自身命运，更可能对整个地区的信用环境造成深远影响。为应对地方国企债务风险，国务院国资委于2021年发布了《关于加强地方国有企业债务风险管控工作的指导意见》，明确了稳中求进的经济工作基调，旨在保留高效益、真正推动经济发展的企业。然而，一个主体的违约不仅预示着其自身的困境，更可能释放出区域系统性金融风险加剧和金融生态恶化的信号（高颖超、赵治纲，2021），进而引发市场恐慌，加剧投资者对地区信用环境的担忧。本章聚焦于地方国企首次债务违约对地区信用环境的影响，旨在填补现有研究在这一领域的空白。通过深入分析，本章期望为理解企业债务违约的经济后果、推进国有企业改革、规范举债行为以及构建健康良好的债券市场信用环境提供重要的理论和现实依据。

在探讨地方国有企业的债务违约问题时，我们首先需要明确其在地方经济中的核心地位与多重角色。作为地方政府直接或间接控股的企业，地方国企不仅是经济增长的引擎，还肩负着服务地方社会、满足公共需求的重要使命。然而，随着近年来国有企业债务违约事件的频发，其传染效应逐渐显现，对宏观经济、政府财政、地方信用环境及企业融资成本等多个方面产生了深远影响（王伟同、辛格、周佳音，2022；张晓燕、张文杰，2023；田光宁、杨璐，2023）。而地区信用环境是一个复杂而多维的概念，其构建与维持受到经济、行政、信息技术、文化教育及社会等多重因素的共同作用（姚小义、钟心岑、杨凯，2013；谭燕芝、王超、李国锋，2014；朱月月等，2021）。因此，深入探究地方国企首次债务违约如何作用于这一复杂系统，对于理解债务风险的传导机制、评估其对地方经济的潜在影响具有重要意义。

第二节 相关文献与研究假设

一、相关文献

企业债务违约是指企业未能按照债务合约规定的条款和条件，履行其到期支付利息或偿还本金的责任。这种违约行为通常意味着发行主体的偿债能力出现问题。债务违约主要包括以下几种类型：债务到期后未能偿还本金和利息；债务存续期间，未能按期支付利息；发行主体在其他债务（如银行贷款、其他债券等）上发生违约，根据债券发行条款触发交叉违约事件；因发行主体管理失误、技术性问题导致的违约。本章研究的债务违约界定于债务人在合同到期时或者延期不能支付本金和利息的行为。一方面，债务违约会给债券发行主体带来严重损害。张玮倩和方军雄（2017）研究发现债务违约反向影响企业创新投资，即债务违约规模越大，越不利于创新投资。Gao等（2017）发现企业发生债券违约时，如果引发破产风险，股东利益可能会因控制权转移而受到损害。陈婧等（2018）研究发现，审计师如果在企业债务违约前预见到潜在风险，会提高审计费用，而在违约发生后，审计师会持续加强对此类公司的监督，使得审计费用进一步攀升。Falato和Liang（2016）研究发现，债务违约不仅会产生恶性外部影响，也不利于内部结构治理，具体表现在员工离职率提高、组织架构动荡、决策失误等。谭春枝和闫宇聪（2020）研究发现企业债务违约风险对股票流动性存在显著的负向影响。金龙等（2022）研究发现地缘网络中债务违约数量越多，企业投资不足程度越大。另一方面，债务违约的传染效应往往波及整个市场。Azizpour等（2018）指出，单一企业债务违约会引发市场内其他企业的连锁反应，个体风险会发散成为市场风险，使得信用债违约具有集聚性特征。Le和Ngo（2021）研究发现债券违约风险会影响同行业内其他关联企业，且外部资金依赖型行业更容易受到传染效应的影响。王叙果等（2019）研究发现，一家国企发生违约，会对同一省（自治区、直辖市）内的其他企业产生负面影响，使得这些企业的信用评级降低。即使这些企业原本拥有较高的信用评级，违约事件也会削弱它们通过高信用评级来减少信用利差的效果。王庆华（2018）研究发现债务违约会传递负面信息，影响投资者情绪，造成市场恐慌，削弱主要投资力量，不利于债券市场流动性，给债券市场造成冲击。

地区信用环境是指一个特定区域内，影响信用活动开展和信用体系建设的各种因素的总和（宋健，2006）。良好的信用环境对于促进地区经济发展、维护市场秩序、保障社会和谐稳定具有重要意义。地区信用环境的构建涉及多个方面，包括当地法律法规完善度，企业信用状况和信贷市场的透明度。法律法规完善度是构建良好信用环境的基础；企业信用状况直接反映地区信用环境的好坏；透明度高的信贷市场能够减少信息不对称，降低信贷风险，促进信用交易的健康发展。地区信用环境治理是由多方面的影响因素综合作用，当前大部分研究都着重于从金融环境、经济发展水平、企业自身成长几个方面展开。Fisman 和 Raturi（2004）发现优质的信用环境能够为现代服务行业的有序发展营造环境，增加交易信任度，供应商也倾向于采取提供商业信用的手段来锁定客源。叶陈毅等（2021）以京津冀区域为研究对象，运用主成分分析法得出地区经济环境、金融发展规模、公共文化服务水平等对其信用环境影响较大。

国内外市场针对区域信用环境评分有不同的标准。国际上，像标普（S&P）、惠誉（Fitch）和穆迪（Moody' s）等著名评级机构，主要基于企业经营和财务风险来进行信用风险评估。特别是标普通过国家和地区信用评级的相对排名，提供了针对不同区域的信用风险评估方法，这些评级在不同国家和地区间并不具备直接可比性，而是反映了各自区域内的信用风险排序（S&P Global，2014）。此外，国际信用评价监督协会在2006年设计了国际信用监督体系，该体系包括对失信行为的惩治力度、后续处理和信息共享程度等多个维度的考量，为区域信用状况提供了系统化的评估框架（Asian Development Bank，2008）。国内方面，中国的区域信用环境评价逐渐多元化。国家信息中心中国经济信息网在2016年推出了城市综合信用指数，利用“全国城市信用状况监测平台”对地级市的信用数据进行分析，涵盖商业、政府、社会和法律四个维度。林钧跃和方向军（2013）开发了CEI指数，通过信用市场工具投放、企业信用管理、征信系统、政府信用监管、失信违规行为以及诚信教育等多个方面，对城市的信用环境进行了深入剖析。北京大学中国信用研究中心从2011年起发布了“中国城市信用环境评价研究报告”，该报告主要从城市经济增长活力、城市经济稳定性、市场环境、政府信用和社会信用意识五个方面对城市信用环境进行综合评价。

综上所述，关于企业债务违约的影响后果研究已经积累了较为丰富的成果，这些研究主要聚焦于宏观经济稳定、企业生存发展以及债券市场运作等多个层面，揭示了债务违约的广泛连锁效应。然而，在研究对象的具体化上，尽管对国有企业违约的探讨较为普遍，但针对地方国企首次违约的独特性及其对区域经济的深远影响，仍显研究不足。地方国企作为区域经济的重要组成部分，其债务违约不仅关乎企业自身命运，更可能通过信用链条传导至整个地区，对地区信用环境造成显著冲击。进一步而言，当前关于地区信用环境的研究相对零散，数量有限，且多数研究倾向于采用定性分析的方法，缺乏系统性的量化研究和多维度视角的探讨。这在一定程度上限制了我们对于地区信用环境复杂性的全面理解，特别是在面对突发事件如地方国企债务违约时，地区信用环境的动态变化及其深层次机制尚待深入挖掘。因此，存在显著的研究空间与必要性，即结合我国债券市场发展的独特背景，深入探讨地方国企债务违约对地区信用环境的综合影响。

二、研究假设

基于信号传递理论和信用风险传染理论，企业债务违约事件对地区信用环境的影响是多维度且深远的。这些影响不仅体现在宏观经济层面，也深刻作用于微观经济主体。

在宏观层面，首先，逆向选择理论揭示了信息不对称环境下，市场劣质品驱逐优质品的扭曲现象。地方国企的债务违约，触发了投资者对地区整体信用环境的广泛担忧，导致资本流向更为安全、信用环境更佳的地区（焦健、张雪莹，2021）。这种资本流动的不均衡不仅加剧了地方国企自身的融资困境，还通过连锁反应波及区域内其他企业和金融机构，进一步扭曲了市场资源配置，对地区经济的长期稳定发展构成了威胁。

其次，地方政府的隐性担保角色在地方国企债务违约后受到严峻考验。传统上，地方政府被视为地方国企的坚强后盾，其信用背书对地方国企的融资能力至关重要（王博森、吕元稹、叶永新，2016；王叙果、沈红波、钟霖佳，2019）。然而，一旦地方国企违约，这种隐性担保的预期瞬间瓦解，地方政府的信用背书效应显著减弱。这不仅削弱了地方政府的融资能力，还引发了市场对地方政府其他融资平台的广泛质疑，加剧了市场的不稳定（祝小全、陈卓、施展，2022）。此外，地方政府的公信力与权威性也因此受损，对地区治理和社会稳定构成了潜在威胁。

最后，风险传染理论揭示了金融风险在市场间的快速蔓延。地方国企债务违约后，其风险迅速通过信贷、投资等多种渠道传播至区域内其他企业和金融机构（杨希雅、石宝峰，2022）。这不仅导致信贷紧缩、融资成本攀升（陈德球、叶陈刚，2011；彭叠峰、程晓园，2018），还破坏了区域金融生态的平衡与稳定。金融机构间的信任危机随之加剧，金融市场的稳定运行面临严峻挑战（张春强、鲍群、盛明泉，2019；闵晓平、罗华兴，2016）。

在微观层面，地方国企债务违约同样引发了市场的深刻变革。投资者在风险事件面前，迅速调整投资策略，重新评估市场风险和投资机会。他们对区域内其他企业的信用状况和投资价值持更加审慎的态度，导致市场风险偏好下降，投资情绪趋于保守。同时，投资者可能更加关注企业的财务健康状况、经营稳定性和偿债能力等因素，从而引发市场预期的重塑。这种变化不仅影响了企业的融资环境和融资成本（陈超、李镕伊，2014）。还可能引发市场恐慌和抛售潮。同时，企业间的信用关系也遭受了严重冲击。地方国企的债务违约破坏了企业间原有的信任基础，导致信用链条出现断裂。企业间的合作与交易效率因此下降，交易成本上升（张雪莹、刘茵伟，2022）。为了降低风险暴露和保障自身利益，企业更倾向于与信用状况良好的企业进行合作与交易，从而加速了企业间信用关系的重构。

基于上述分析，提出本章研究假设：

H1：地方国有企业首次债务违约会显著恶化所在地区的整体信用环境，影响区域内其他企业的投融资环境。

H2：地方国有企业首次债务违约会导致投资者对区域内其他企业的信用风险评估上调，进而增加债券的信用利差。

第三节　研究设计

一、样本选取与资料来源

本章研究地方国企债务违约事件对于地区信用环境的影响。在宏观层面，以2014—2021年地级市面板数据以及上市公司已发行、已到期和未到期的公司债和企业债作为初始研究样本，删除了一些存在严重数据缺失或异常数据的样本，最后将283个地级市作为研究对象。在微观层面，本章将2014—2022年A股上市公司发行的已到期和未到期的公司债和企业债作为初始研究样本。为确保研究结果的准确性与稳健性，对数据样本作出以下筛选整理：剔除发行失败的债券、剔除样本信息严重缺乏的债券、剔除一年内到期的债券、剔除发行期限无法与同期国债期限匹配的债券。为了避免极端数值对实证结果的影响，对所有变量进行1%和99%水平上的缩尾（winsor）调整，最终选取出1 271只债券。研究数据均来源于CSMAR以及万得数据库。

二、变量定义

本章研究地方国有企业首次债务违约对地区信用环境的影响，主要从宏观和微观两个层面进行分析，具体变量定义见表10-1和表10-2。

表10-1 **宏观层面变量定义及说明**

变量类别	变量名称	变量符号	变量说明
被解释变量	地区信用环境评分	*CEI*	中国城市商业信用环境指数
解释变量	地方国有企业首次债务违约	*City×Default*	地级市发生过首次债务违约后=1，否则*City×Default*=0
控制变量	经济发展水平	*GRP*	人均生产总值取对数
	人口规模	*Population*	年末总人口取对数
	产业结构	*Terindustry*	第三产业生产总值/*GRP*
	政府干预程度	*Government*	政府财政一般支出/地区生产总值
	金融发展程度	*Finance*	年末金融机构存贷款余额/地区生产总值

表10-2 **微观层面变量定义及说明**

变量类别	变量名称	变量含义	变量说明
被解释变量	信用利差	*Spread*	信用利差=债券到期收益率-同期国债到期收益率
解释变量	地方国有企业首次债务违约	*City×Default*	地级市发生过首次债务违约后=1，否则*City×Default*=0
控制变量	债券发行期限	*Bond_time*	债券发行时所规定的偿还期限，单位为年
	债券发行规模	*Bond_size*	债券发行规模取对数
	公司规模	*Size*	上市公司总资产取对数

续表

变量类别	变量名称	变量含义	变量说明
控制变量	资产负债率	*Lev*	债务总额/总资产
	总资产回报率	*ROA*	净利润/总资产
	流动比率	*Liquidity*	流动资产/流动负债

（一）被解释变量

在宏观层面，参考林钧跃（2012），根据中国城市商业信用环境指数（CEI）蓝皮书，以中国城市商业信用环境指数来评估一个城市市场信用交易环境的规范程度。该指数综合反映了地区社会信用体系的完善程度和运行效率，能够评估地区信用治理效力。

在微观层面，参考方红星等（2013）、彭叠峰和程晓园（2018）的方法，计算出债券发行时票面利率与同期相同剩余期限国债到期收益率的差值以测度债券发行利差（*Spread*）。本章对无法进行匹配的债券采用线性插值法计算对应的国债利率。

信用利差，亦称为信用风险溢价，指的是在相同期限下，无风险债券与信用债券之间的收益率差异，它反映了投资者为承担信用风险而索取的额外回报。对于债券投资者而言，信用利差体现了债券投资者评估信用风险、预测市场走势的预期；对于债券的发行者而言，信用利差体现了其信用资质以及融资的难易程度。信用利差也受多重因素的影响，宏观上主要体现在市场流动性水平、经济发展状况、政策发布方面；微观上主要体现在企业内部管理、信用评级等方面。

（二）解释变量

本章研究地方国有企业首次债务违约事件对地区信用环境的影响，因此将解释变量设定为双重差分估计量 *City×Default*，即当某个城市在首次发生地方国有企业债务违约 t 年以及t年后，交互项等于1，反之则记为0。

（三）控制变量

为了控制解释变量之外的影响，将其他可能影响地区信用环境的变量作为控制变量引入模型中。参考前期既有文献（王叙果、沈红波、钟霖佳，2019；彭叠峰、程晓园，2018）主要从3个层面进行考虑。

地区经济特征变量包括：地区生产总值（*GRP*），地区人均生产总值取对数，表示一个地区在一定时期内经济实力；人口规模（*Population*），年末总人口取对数；产业结构（*Terindustry*），以第三产业占比衡量，反映地区产业结构是否合理；政府干预程度（*Government*），通过计算政府财政一般支出占地区生产总值比值得出；金融发展程度（*Finance*），通过计算年末金融机构存贷款余额占地区生产总值来衡量，在一定程度上影响地区金融生态环境。

债券自身特征变量主要包括：债券发行期限（*Bond_time*），债券发行时所规定的偿还期限，单位为年；债券发行规模（*Bond_size*），以当年债券发行规模取对数衡量。

债券发行主体特征变量包括：公司规模（*Size*），通过计算其总资产取对数来衡量；资产负债率（*Lev*），代表企业债务总额与总资产的比率，是企业长期偿债能力的体现；总资产回报率（*ROA*），是净利润与总资产的比值，是反映企业盈利运营能力的一个重要指标；流动比率（*Liquidity*），通过计算流动资产与流动负债比率得出，体现企业的短期偿债能力。

三、模型设定

参考Beck等（2010）以及王锋和葛星（2022），将地方国有企业首次债务违约视作该地区所发生的外生冲击事件，使用多期双重差分回归模型。传统双重差分回归模型的处理效应实施时点为同一时点，但当不同个体接受处理效应的时间点不同时，需要采用多期双重差分模型。本章所研究的每个地区地方国有企业发生首次债务违约的年份不同，即处理效应时间节点不同，因此采用多期双重差分模型。在宏观层面，选择用地区信用环境评分变化来反映该事件造成的后果，指数越低代表信用环境越差；在微观层面，选择用信用利差来反映地区信用环境情况，信用利差越高说明地区信用风险溢价越高，当地信用环境越差。宏微观模型（10-1）和模型（10-2）具体如下：

$$CEI_{i,t} = \alpha_0 + \alpha_1 City \times Default_{i,t} + \alpha_2 Regional\_controls_{i,t} + \eta_i + \mu_t + \varepsilon_{i,t} \quad (10\text{-}1)$$

$$Spread_{j,t} = \beta_0 + \beta_1 City \times Default_{j,t} + \beta_2 Bond\_controls_{j,t} + \beta_3 Firm\_controls_{j,t} + \lambda_j + \mu_t + \varepsilon_{j,t} \quad (10\text{-}2)$$

其中：交乘项$City \times Default_{i,t}$和$City \times Default_{j,t}$是指地方国有企业发生首次债务违约，如果地级市在$t$年发生了首次国企债务违约事件，那么在$t$年及之后的年份中交互项为1，否则为0。两个交乘项脚标不一致是因为观测主体有区别：宏观模型使用地级市观测值，用i表示；微观模型观测值使用的是个体债券，用j表示。系数α_1代表地方国企首次债务违约对地区信用评分的影响效应，若α_1小于0，则证明地方国企首次债务违约事件会降低地区整体信用环境评分，反映出对本地区信用环境的负向影响。系数β_1代表地方国企首次债务违约对地区内个体债券信用利差的传染效应，若β_1大于0，则说明地方国企首次债务违约加大了同地区债券的信用利差，提高了信用风险溢价，反映出投资者对同地区企业信用水平的期望下降。此外，$Regional_Controls_{i,t}$为宏观控制变量，包括地区经济水平（*GRP*）、人口规模（*Population*）、产业结构（*Terindustry*）、政府干预程度（*Government*）、金融发展程度（*Finance*）。微观层面控制变量$Bond_controls_{j,t}$包括债券期限（*Bond_time*）和债券发行规模（*Bond_size*）。$Firm_controls_{j,t}$包括公司规模（*Size*）、资产负债率（*Lev*）、总资产回报率（*ROA*）和流动比率（*Liquidity*）。η_i代表城市个体固定效应，λ_j代表债券个体固定效应，μ_t代表时间固定效应，$\varepsilon_{i,t}$和$\varepsilon_{j,t}$代表随机扰动项。

第四节　实证结果分析

一、描述性统计

宏观层面统计结果见表10-3。被解释变量地区信用环境（*CEI*）的最大值是80，最小值仅是64，表明样本之间的地区信用环境存在显著的差距。*CEI*平均值是69.414，说明所选样本的地区信用环境水平整体较高。解释变量（*City×Default*）均值是0.198，标准差是0.398，表明在宏观模型中有19.8%的样本是接受处理效应的处理组。

表10-3　**宏观层面变量描述性统计结果**

变量名	观测值	平均值	最小值	最大值	标准差
CEI	2 217	69.414	64.000	80.000	3.250
City×Default	2 217	0.198	0.000	1.000	0.398
GRP	2 217	10.846	9.706	12.064	0.522
Population	2 217	5.895	3.807	7.248	0.686
Terindustry	2 217	0.451	0.266	0.727	0.091
Finance	2 217	2.715	1.198	7.163	1.185
Government	2 217	0.211	0.084	0.613	0.101

微观层面统计结果见表10-4，被解释变量信用利差（*Spread*）的平均值为2.237，标准差为1.448，表明市场中信用利差水平整体较高，但最大值19.240和最小值0.393存在较大差距。解释变量（*City×Default*）均值是0.270，标准差是0.444，表明在微观模型中有27%的样本是接受

处理效应的处理组。

表10-4　　微观层面主要变量描述性统计

变量名	观测值	平均值	最小值	最大值	标准差
Spread	3 787	2.237	0.393	19.240	1.448
City×Default	3 787	0.270	0.000	1.000	0.444
Size	3 787	24.320	22.020	27.460	1.550
Lev	3 787	0.606	0.400	0.840	0.135
ROA	3 787	0.029	−1.028	0.399	0.047
Liquidity	3 787	1.388	0.094	23.030	1.087
Bond_size	3 787	3.408	0.500	14.800	1.722
Bond_time	3 787	1.176	0.000	1.804	0.251
Coupon	3 787	5.272	2.350	9.200	1.302

二、基准回归结果

表10-5所示为宏观模型的回归结果，列（1）只纳入交乘项、城市固定效应和年份固定效应。回归结果显示，在1%的统计水平下，地方国企首次债务违约（*City×Default*）的回归系数为-0.5249。列（2）是添加了其他控制变得出的双重差分回归结果，交乘项系数仍然显著为负，反映出地级市的信用评分在地方国企首次发生债务违约后出现显著下滑，即地方国企债务违约会使得当地企业整体信用度下降，影响投资者对区域内主体的期望值，信用环境相应恶化，研究假设H1得以验证。

表10-5 **宏观层面地方国企首次债务违约影响地区信用环境的回归结果**

变量	(1)	(2)
	CEI	*CEI*
City×Default	−0.5249***	−0.5581***
	(−3.0952)	(−3.2643)
GRP		0.2653
		(0.5846)
Population		1.1237
		(1.2464)
Terindustry		−4.3135***
		(−3.5191)
Finance		0.2160
		(1.5791)
Government		−1.7303
		(−1.0210)
_cons	81.4373***	72.0660***
	(128.4479)	(7.5451)
城市固定效应	控制	控制
年份固定效应	控制	控制
N	2 217	2 217
Adj-R^2	0.7508	0.7531

注：括号内为*t*值，***、**、*分别表示在1%、5%与10%的统计水平上显著。

表10-6为微观模型的回归结果，列（1）只纳入交乘项、个体固定效应和年份固定效应，列（2）在控制个体和年份固定效应的基础上添加了控制变量，地方国企债务违约（*City×Default*）的估计系数为0.6386，并在1%的统计水平上显著，表明地方首次国企债务违约会引发同地区债券信用利差发生显著增加。由于违约事件的发生会负面影响市场投资者信心，导致更高的风险溢价，增加债券的发行成本，加大了债券的信用利差，因此研究假设H2得以验证。

表10-6　微观层面地方国企债务违约影响地区信用环境的回归结果

变量	(1)	(2)
	Spread	*Spread*
City×Default	0.7000***	0.6386***
	(5.3341)	(4.8647)
Size		−0.5523***
		(−4.0510)
Lev		−0.9436*
		(−1.6850)
ROA		−0.1845
		(−0.2592)
Liquidity		0.0265
		(0.7047)
Bond_size		−0.2615*
		(−1.7532)
Bond_time		1.1810
		(0.4212)
_cons	1.1515***	28.4828
	(40.8799)	(1.4865)
个体固定效应	控制	控制
年份固定效应	控制	控制
N	3 787	3 787
Adj-R^2	0.5777	0.6017

注：括号内为t值，***、**、*分别表示在1%、5%与10%的统计水平上显著。

三、稳健性检验

为验证基准回归结果的稳健性，本部分设计两个稳健性检验。第一，平行趋势检验；第二，PSM-DID检验。

（一）平行趋势检验

双重差分法估计的前提是被解释变量在接受处理之前应满足平行趋势假设。图10-1展示了宏观层面平行趋势的检验结果。假设如果没有地方国企债务违约事件，那么这些城市的商业信用环境指数与其他城市相比应保持平行的变化趋势。为检验这一点，以地方国企首次债务违约事件时间为基准年，对违约事件前后每一年设置的交乘项虚拟变量进行双重差分估计，并绘制了95%置信区间下处理效应系数的估计结果。如图10-1所示，在地方国企首次债务违约事件发生前后，处理效应存在显著的差异。在地方国企出现债务违约之前，处理效应并不明显异于0，而在违约之后，处理效应在5%的统计水平上显著小于0，表明“地方国企债务违约”在一定程度上降低了地区商业信用环境指数。

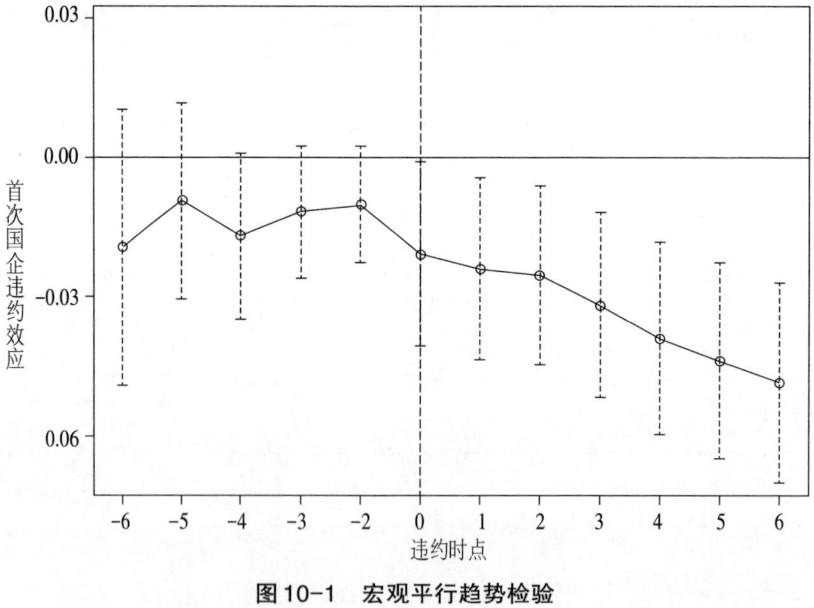

图10-1 宏观平行趋势检验

注：图中x轴为相对于地方国企债务违约发生的时间；0为发生年份，左边表示违约事件前，右边表示违约事件后；y轴为处理效应回归系数。

图10-2描述了微观层面的95%置信区间处理效应（*City*×*Default*）的估计结果。在首次违约事件发生前后，处理效应存在显著的差异。地方国企出现违约前，信用利差偏低，而在违约之后，信用利差出现显著上升。这表明“地方国企债务违约”在一定程度上提高了债券信用利差。

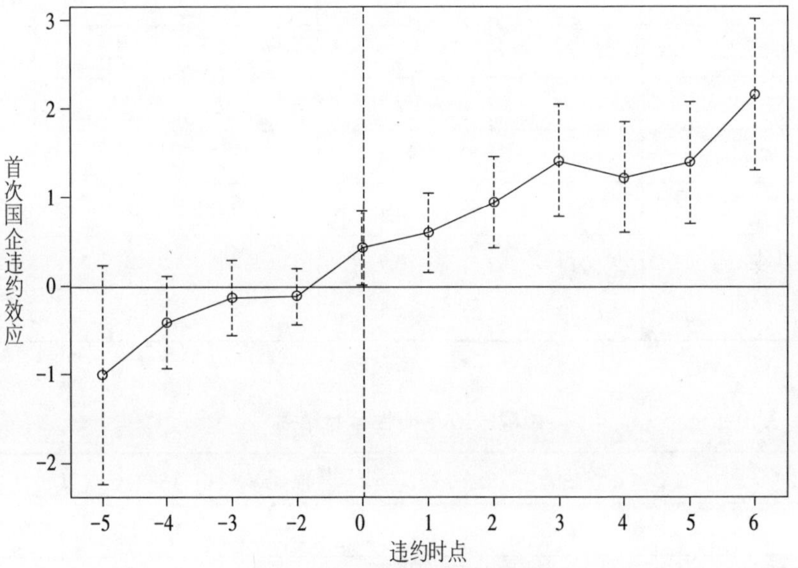

图10-2 微观平行趋势检验

注：图中x轴为相对于地方国企债务违约发生的时间；0为发生年份，左边表示违约事件前，右边表示违约事件后；y轴为处理效应回归系数。

（二）PSM-DID检验

为解决因样本选择性偏误出现内生性问题，本章采用倾向匹配得分法（PSM）将所有控制变量作为匹配的协变量进行Logit回归计算倾向值，再进行1∶1最邻近距离匹配。由表10-7和表10-8可知，相较于匹配前，匹配后的控制变量的标准化偏差都发生了一定程度的减小。此外，所有的控制变量匹配后的标准化偏差比10%要小，因此，可以认定PSM匹配的平衡性条件得到满足。

表10-7 宏观PSM平衡性检验结果

变量	是否匹配	偏差（%）	偏差减少量（%）	*T*检验
GRP	否	91.9		20.51
	是	1.9	97.9	0.35
Population	否	53.3		11.95
	是	4.8	91.1	0.97
Terindustry	否	51.2		11.92
	是	7.3	85.8	1.37
Finance	否	51.4		12.21
	是	-5.1	90.0	-0.80
Government	否	-70.7		-14.66
	是	3.1	95.6	0.73

表10-8 微观PSM平衡性检验结果

变量	是否匹配	偏差（%）	偏差减少量（%）	*T*检验
Size	否	98.7		27.40
	是	5.0	95.0	1.09
Lev	否	22.1		6.03
	是	2.9	87.0	0.65
ROA	否	-14.1		-3.54
	是	0.8	94.1	0.17
Liquidity	否	-25.5		-6.34
	是	-2.0	92.0	-0.63
Bond_size	否	54.2		-0.32
	是	6.6	87.7	2.36
Bond_time	否	-10.8		14.49
	是	1.1		1.55

PSM样本回归结果见表10-9和表10-10，宏观层面无论是否加入控制变量，处理效应*City×Default*的系数均在1%的水平上显著为负，表明地方国企首次发生债务违约会显著降低当地信用环境评分；微观层面在加入控制变量前在5%的水平上显著为正，加入控制变量后回归系数为在1%的水平上显著为正，表明地方国企首次发生债务违约后，投资者对当地信用环境和市场趋势缺乏信心，提高融资成本，导致信用利差加大。

表10-9　　宏观PSM-DID回归结果

变量	(1)	(2)
	CEI	CEI
City×Default	−0.9462***	−1.0080***
	(−3.5994)	(−3.8065)
GRP		−0.3467
		(−0.4011)
Population		−2.3099
		(−1.4051)
Terindustry		1.8761
		(0.7662)
Finance		−0.4962
		(−1.5917)
Government		−0.0904
		(−0.0210)
城市固定效应	控制	控制
年份固定效应	控制	控制
N	669	669
Adj-R^2	0.7968	0.7991

注：括号内为*t*值，***、**、*分别表示在1%、5%与10%的统计水平上显著。

表10-10 微观PSM-DID回归结果

变量	(1)	(2)
	Spread	*Spread*
City×Default	0.4916**	0.5962***
	(2.3150)	(2.8125)
Size		0.2901
		(1.3276)
Lev		-2.0677**
		(-2.2119)
ROA		-2.7138***
		(-2.7648)
Liquidity		-0.0989
		(-0.9968)
Bond_size		-0.3347*
		(-1.8162)
Bond_time		1.4215
		(0.5322)
个体固定效应	控制	控制
年份固定效应	控制	控制
N	741	741
$Adj\text{-}R^2$	0.7092	0.7190

注：括号内为*t*值，***、**、*分别表示在1%、5%与10%的统计水平上显著。

四、异质性分析

债券违约的传染效应也体现在区域发展的其他方面。由于地理位置相似性，某一家企业出现违约事件后，可能出现同省份公司间经营绩效的同步影响的恶性循环（黄俊、陈信元、张天舒，2013）。在市场化程度较高的地区，企业债务违约对公司股票的流动性产生的负面影响要强于市场化程度较低地区的企业（谭春枝、闫宇聪，2020）。因此，企业债务违约事件对地区信用环境产生的负面效应会通过不同主体及不同维度有所体现。

在检验债务违约的传染效应时，进一步考察地方国企债务违约对地区信用环境的影响是否因其他因素的变化存在差异性。宏观层面按照区域异质性和市场化程度异质性进行分析；微观层面按照审计质量异质性和债券信用评级异质性进行分析。

（一）宏观层面——区域异质性

由于不同地区经济发展水平参差不齐，债券市场发展的完善程度会有一定差距，应对风险的能力与策略也会因此有所区别。将东部地区和其他地区进行分组回归，结果见表10-11。$City \times Default$的回归系数在东部地区和其他地区均显著为负，说明地方国企债务违约事件的发生对各区域都造成了较明显的负面影响。从回归系数可见，东部地区系数的绝对值高于其他地区，表明东部地区发生地方国企债务违约事件的负面影响强于其他地区，且异质性分析通过了组间差异系数检验。由于东部地区经济水平较高，债券市场流动性强，信息传播速度快，投资者敏感度更高，因此债务违约事件对其信用环境的冲击更为强烈。若当地减少违约事件的发生，能够帮助改善信用环境状况。

表10-11　地方国企首次债务违约影响地区信用环境的区域分布异质性分析

变量	(1) 东部地区	(2) 其他地区
	CEI	CEI
City×Default	−0.8504***	−0.4295**
	(−3.0513)	(−1.9908)
GRP	−1.1715	0.9646*
	(−1.2780)	(1.9217)
Population	−4.3017**	1.4008
	(−2.2028)	(1.4228)
Terindustry	−6.1478**	−1.9431
	(−2.2677)	(−1.4616)
Finance	−0.2691	0.1613
	(−1.0269)	(1.0132)
Government	−0.0477	−1.1421
	(−0.0117)	(−0.6283)
_cons	131.7537***	55.1765***
	(6.4000)	(6.1475)
城市固定效应	控制	控制
年份固定效应	控制	控制
N	894	1 323
$Adj\text{-}R^2$	0.7543	0.7178
组间系数差异（p值）	0.0000	

注：括号内为t值，***、**、*分别表示在1%、5%与10%的统计水平上显著。

（二）宏观层面——市场化程度异质性

参考樊纲市场化指数，以中位数为界限，将各城市划分为市场化程度高的地区和市场化程度低的地区，分组回归结果见表10-12。在列（1）中，*City×Default* 的回归系数为负但不显著，列（2）该系数在1%的统计水平上显著为负。这说明相较于市场化程度低的地区，地方国企债务违约对地方信用环境的影响在市场化程度较高的地区更为显著。在市场化程度较高的地区，由于信息披露更透明，信用评级体系更完善，法律制度更健全，政策反应更迅速，该地区国企债务违约事件对地区信用环境的影响也更为强烈。

表10-12　**地方国企首次债务违约影响地区信用环境的市场化程度异质性分析**

变量	（1） 市场化程度低	（2） 市场化程度高
	CEI	*CEI*
City×Default	−0.1169	-1.0264^{***}
	（−0.5031）	（−4.3695）
GRP	-0.9467^{*}	−0.0385
	（−1.8413）	（−0.0514）
Population	−0.8045	−0.6919
	（−0.5294）	（−0.6178）
Terindustry	−1.6526	-10.2553^{***}
	（−1.1936）	（−5.1891）
Finance	0.2018	−0.3715
	（1.4572）	（−1.4605）
Government	-4.4202^{**}	9.5243^{***}
	（−2.3490）	（3.2470）

续表

变量	(1) 市场化程度低	(2) 市场化程度高
	CEI	*CEI*
_cons	91.8627***	94.0096***
	(7.2907)	(6.5633)
城市固定效应	控制	控制
年份固定效应	控制	控制
N	954	1 263
$Adj\text{-}R^2$	0.8067	0.7437
组间系数差异（*p*值）	0.054	

注：括号内为*t*值，***、**、*分别表示在1%、5%与10%的统计水平上显著。

（三）微观层面——审计质量异质性

在微观层面，选取了审计质量进行异质性分析，将“四大”会计师事务所（简称“四大”）与非“四大”审计的样本进行分组，即考虑在不同审计质量下，地方国企债务违约事件的负面影响是否会存在异质性，结果见表10-13。在列（1）中，*City×Default*的回归系数在1%的水平上显著为正；在列（2）中，该回归系数为负，但不显著。研究结果表明，地方国企债务违约对信用利差的正向影响，在选择“四大”审计的公司中表现得更为显著。由于“四大”具有更高的专业胜任能力（王咏梅、王鹏，2006），对信用风险变化的识别更加敏锐，因此当本地出现债务违约事件后，“四大”会通过提高审计质量来应对债务违约对地区信用环境的影响。

表10-13　地方国企首次债务违约影响地区信用环境的审计质量异质性分析

变量	(1) “四大”审计	(2) 非“四大”审计
	Spread	*Spread*
City×Default	1.1093***	-0.1101
	(4.3650)	(-0.6734)
Size	-2.2788***	-0.2359
	(-5.7073)	(-1.6190)
Lev	2.9429*	-1.1078*
	(1.8827)	(-1.8577)
ROA	0.7367	-0.3010
	(0.3427)	(-0.4027)
Liquidity	0.2570	0.0147
	(1.0052)	(0.3946)
Bond_size	-0.2474	-0.0657
	(-0.8623)	(-0.3834)
Bond_time	2.1608	-0.7083
	(0.7725)	(-0.0543)
_cons	36.9580***	17.1140
	(3.5187)	(0.3155)
个体固定效应	控制	控制
年份固定效应	控制	控制
N	859	2 928
Adj-R^2	0.8259	0.4730
组间系数差异（*p*值）	0.0000	

注：括号内为*t*值，***、**、*分别表示在1%、5%与10%的统计水平上显著。

（四）微观层面——债券信用评级异质性

根据信用评级将样本分成两组，评级为AAA-以上的为高信用评级组，其他评级为中低信用评级组，分组回归结果见表10-14。在列（1）中，高评级组的*City*×*Default*的回归系数在5%的统计水平上呈负显著，而在列（2）中，中低评级的*City*×*Default*在1%的统计水平上显著为正。可能的解释是，基于信息传递理论，在地区出现债务违约的情况下，企业仍能够获得高信用评级，表明企业具有良好的信用、较高的声誉以及外部的信任。虽然其他当地国企债务违约提高了整体债券的信用利差，但对高信用评级的企业而言，信用利差与企业信用状况相关性更强，并未受到其他企业的负面影响。

表10-14　**地方国企首次债务违约影响地区信用环境的发行主体评级异质性分析**

变量	（1） 高信用评级	（2） 中低信用评级
	Spread	*Spread*
City×*Default*	−0.8030***	1.6319***
	（−4.0671）	（8.9471）
Size	−0.2692	−0.8528***
	（−1.5843）	（−3.7972）
Lev	−1.0732	1.9460*
	（−1.6301）	（1.8371）
ROA	−0.4133	0.4487
	（−0.5066）	（0.3133）
Liquidity	0.0469	−0.3845***
	（1.1424）	（−3.9065）

续表

变量	(1) 高信用评级	(2) 中低信用评级
	Spread	*Spread*
Bond_size	-0.0112	-0.2392
	(-0.0522)	(-1.2586)
Bond_time	-6.8226	2.2332
	(-1.2897)	(0.9142)
_cons	29.9426*	38.8849**
	(1.6884)	(2.0250)
个体固定效应	控制	控制
年份固定效应	控制	控制
N	2 201	1 586
$Adj\text{-}R^2$	0.3823	0.8062
组间系数差异（*p*值）	0.0000	

注：括号内为*t*值，***、**、*分别表示在1%、5%与10%的统计水平上显著。

第五节　结论与启示

本章利用2014—2021年地级市面板数据和2014—2022年上市公司债券数据，检验了地方国有企业首次债务违约对地区信用环境治理的传染效应。在宏观层面和微观层面均以地级市国有企业发生首次债务违约为冲击事件，构造出多期双重差分回归模型。地区信用环境变化分别通过地区信用指数评分和个体债券信用利差来进行测度。本章还考察了地区发展差异、市场化程度差异、审计质量差异、债券信用等级差异对研究假设的影响。本章得到的研究结论如下：

第一，地方国企债务违约会造成地区信用环境的恶化。具体地，在宏观层面，表现为地方国企债务违约会导致地区信用环境指数评分下降；在微观层面，表现为地方国企债务违约会增加个体债券的信用利差。这一结论在进行稳健性检验后依旧成立。

第二，异质性分析发现，地方国有企业首次债务违约对地区信用环境的负面影响在东部地区，市场化程度较高地区，选择“四大”审计的企业及信用评级较低的债券样本中更加显著。

针对债务违约对地区环境产生的负面影响，本章提出以下对策建议。

第一，地方政府应优化信用环境治理，提升信用环境水平，创造优质的金融生态氛围。地方政府要充分认识管控企业债务违约风险的重要性，着重培育有利于企业发展的市场生态系统，避免频发的违约事件对区域信用环境和经济发展造成不利影响。地方政府应长期推进信用管理机制，打造信誉市场经济，建立一套合规的信用标准体系。地方政府协同金融与中介机构定期对企业进行债务风险评估，建立风险预警机制，实时监测关键指标。当债务风险超过设定的阈值时，及时发出警示信号，提醒企业采取相应措施。此外，严格审批国企举债程序，加大对发债企业的审查力度，促使其提升披露财务信息透明度，避免盲目举债。

第二，提升企业债务风险管理能力。企业出现债务违约往往由于其自身盈利能力不强，债务规模膨胀，现金流匮乏，内部治理方面存在漏洞。为了提升应对突发债务兑付困难的能力，企业应改正“等靠要”的消极态度，建立科学合理的预算系统，理性分析宏观经济形势，减少不必要融资。企业应确保债务规模与发债企业偿债能力相匹配，减少资不抵债现象的发生。同时应催生企业活力，降本增效，优化资本结构，使其债务融资进入良性发展轨道。

第十一章　研究结论与建议

第一节　研究结论

本书以中国企业为研究对象，研究了资本市场信用债违约问题。本书主要采用实证研究方法，从政府-市场-企业视角，对企业信用债违约的影响因素与经济后果进行了研究，主要得出了以下结论：

第一，中国资本市场中形成的隐性担保预期，不利于企业的债务融资决策。企业的债务违约行为与风险，会随着政府隐性担保强度的增大而提升，且此种影响在国有企业、非上市企业和市场环境较差的企业中表现得更为突出。但是，较高的中介执行水平，如高声誉会计师事务所的高质量服务，能够弱化政府影响担保对企业债务违约的不利影响。

第二，贷款利率市场化的过程中，放开下限管制，降低贷款利率，对企业债务违约风险起到抑制作用，能够明显降低债务违约风险。放开贷款利率下限通过降低融资约束这一中间渠道，提高企业信贷能力，进而减少债务违约的可能。相比内部控制好的企业，内部控制差的企业受到政策影响的程度更深，降低风险效果更显著。

第三，经济政策的不确定性影响企业债务违约风险，经济政策波动越剧烈，企业债务违约风险也越大。由于经济政策的不确定性，企业的投融资期限可能错配，进而增加了企业的债务违约风险。在国有企业、股东与债权人之间利益冲突较大的企业和我国东部企业中，经济政策不确定性对债务违约风险产生的负面影响更大。

第四，企业信用债违约事件会抑制同行业非违约企业的社会责任表现。企业信用债违约事件引发的信用风险传染会降低同行业非违约企业的融资能力和经营能力，进而抑制同行业非违约企业的社会责任表现。该抑制作用主要体现在非国有控股、地区市场化程度较低、融资约束程度较高或融资需求程度较低的企业中。

第五，降低企业债务违约可能性，能够提高审计机构的审计质量。债务违约风险降低可以提升会计信息质量，进而提升审计机构审计质量。该种影响主要体现在非资本密集型企业中，而在地区间无显著差异。

第六，地方国企首次债务违约会造成地区信用环境的恶化。在宏观层面，地方国企首次债务违约会导致地区信用环境指数评分下降；在微观层面，地方国企债务首次违约会增加个体债券的信用利差。地方国有企业首次债务违约对地区信用环境的负面影响在东部地区、市场化程度较高地区、选择“四大”审计的企业及信用评级较低的债券样本中更加显著。

第二节　政策建议

一、对企业的建议

第一，企业应当强化对政府隐性担保预期的风险认识，特别是对于国有企业和非上市企业而言，避免过度依赖政府支持进行融资决策。企业应通过优化资本结构，降低债务融资比例，提升内部风险控制能力，合理配置资源，规避盲目扩张和过度负债的风险。

第二，企业应提升自身的管理水平与透明度，选择信誉良好的会计师事务所等中介机构提供服务，确保财务报告的真实准确性，这将有助于减少外部融资风险，并增强企业在资本市场的信用。

二、对地方政府的建议

第一，地方政府应逐步减少对企业的隐性担保，以利于市场竞争环境的优化。同时，地方政府在面对企业债务违约时，应积极推动市场化解决方案，避免行政干预加重市场的逆向选择和道德风险。为此，地方政府应加强与市场力量的协调合作，提升金融市场的法治化水平，营造透明、公正的市场环境。

第二，政府应注重通过政策工具，如贷款利率市场化改革，支持具有良好内部控制机制的企业，降低其因政策变化而可能面临的债务违约风险。

三、对市场中介机构的建议

第一，市场中介机构，如会计师事务所、证券承销商等，应提高执业水准，强化对企业的审计与信用评级工作，避免因执业水平不足而加剧市场风险。在选择企业合作伙伴时，市场中介机构应更审慎地评估企业的风险状况，特别是那些存在较高违约可能性的企业。

第二，中介机构应通过专业服务与声誉管理，发挥市场的“看门人”作用，为投资者提供更为准确的企业信用风险评估，帮助市场力量有效识别和防范风险。

四、对债权投资人的建议

第一，债权投资人应加强对企业违约风险的评估，特别是在地方国企首次债务违约事件中，应关注其对地区信用环境的潜在影响，合理调整投资组合。投资人应结合宏观经济政策的不确定性，动态调整对企业债务违约风险的评估标准，避免因经济政策波动而受到重大损失。

第二，投资人还应关注企业的社会责任表现，特别是在行业出现信用债违约事件时，通过考察非违约企业的融资能力与经营状况，识别潜在风险并作出及时的投资调整。

通过以上措施的实施，各方能够有效降低企业信用债违约的风险，维护市场的健康稳定发展。同时，这也将有助于形成良性的市场生态，提高企业、政府和市场力量之间的互动质量，为我国金融市场的长期健康发展提供有力支持。

第三节 研究局限及未来研究方向

本书的研究局限主要是关于信用债违约的理论分析比较薄弱、缺少对企业债务违约形成机制的深入分析。此外，实证检验也不够全面。关于信用债违约的未来研究方向可以考虑：

第一，采用理论模型或博弈分析的方法，对政府-市场-企业的互动关系进行深入剖析，完善信用债违约形成机制的理论阐释。

第二，现有研究大多仅关注主体是否发生债务违约或违约次数、规模的影响，对于违约特征的把握较为粗糙和模糊，可以对违约事件的特征进行细化，如使用文本分析方法进一步分析外部环境或内部因素导致的违约影响差异等。

第三，现有国内研究大多侧重考察发生实质性债务违约事件的经济后果，可能忽视了技术性违约的影响，因此在未来的研究中可以尝试针对某一类或几类特定的限制性契约条款展开探讨，深入挖掘该类条款对公司行为产生的经济效应。

第四，现有研究对债务违约的处置在法律层面探讨得更多，在经济学、管理学领域多是一些定性研究，对违约处置的效果可以尝试进行一些大样本的定量分析。

主要参考文献

[1] 蔡庆丰，吴奇艳．打破“刚兑”与企业融资成本结构分化——基于国有企业债务违约的经验证据［J］．经济管理，2022，44（11）：125-147．

[2] 曾祥飞，王婷婷，张婷．信息披露监管模式变更对审计质量的影响［J］．安徽工业大学学报（自然科学版），2024，41（2）：223-232．

[3] 陈超，李镕伊．债券融资成本与债券契约条款设计［J］．金融研究，2014（1）：44-57．

[4] 陈超，李镕伊．审计能否提高公司债券的信用评级［J］．审计研究，2013（3）：59-66；80．

[5] 陈德球，叶陈刚．债务期限结构、产权性质与审计费用［J］．经济与管理研究，2011（11）：112-120．

[6] 陈婧，张金丹，方军雄．公司债务违约风险影响审计收费吗［J］．财贸经济，2018，39（5）：71-87．

[7] 陈仕华，马超．高管金融联结背景的企业贷款融资：由A股非

金融类上市公司观察［J］．改革，2013（4）：111-119．
［8］ 陈思阳，王明吉．经济新常态下企业债券违约研究［J］．财会通讯，2017（29）：3-5．
［9］ 陈维龙，王芙蓉．会计信息可比性、分析师跟踪与审计质量［J］．安徽商贸职业技术学院学报，2024，23（1）：31-36．
［10］ 陈学彬，武靖，徐明东．我国信用债个体违约风险测度与防范——基于LSTM深度学习模型［J］．复旦学报（社会科学版），2021，63（3）：159-173．
［11］ 陈迅，谢明希．Logistic模型在钢铁行业上市公司信用风险识别中的应用［J］．统计与决策，2009（19）：82-85．
［12］ 陈益云，林晚发．市场中介声誉与债券契约设计［J］．财会月刊，2018（20）：161-168．
［13］ 程文卫．通货膨胀对固定收益证券到期收益率和信用利差的影响：基于中国的实证研究［J］．中央财经大学学报，2009（7）：30-35．
［14］ 程小可，杨程程，姚立杰．内部控制、银企关联与融资约束——来自中国上市公司的经验证据［J］．审计研究，2013（5）：80-86．
［15］ 仇荣国，张建华．中国中小上市公司信用违约风险影响因素研究——基于273家深市中小上市公司5年面板数据的实证检验［J］．求索，2010（4）：28-30．
［16］ 崔伟，黄文才，李雨濛．经济政策不确定性对企业投融资期限错配的影响［J］．武汉理工大学学报，2023，36（4）：75-84．
［17］ 戴国强，孙新宝．我国企业债券信用利差宏观决定因素研究［J］．财经研究，2011，37（12）：61-71．
［18］ 狄灵瑜，步丹璐．债务违约、社会责任与政府支持［J］．南方经济，2019（11）：72-93．

[19] 丁志国，丁垣竹，赵宣凯．债务违约的生成机理与风险测度——基于资本收支均衡的经济学逻辑［J］．数量经济技术经济研究，2022，39（4）：127-146．

[20] 董晓泽．员工劳动场所的安全性会影响审计定价吗？［D］．大连：东北财经大学，2020．

[21] 窦超，杨雪，刘巍，等．独立董事宏观视野与公司债务违约［J］．会计研究，2022（7）：58-74．

[22] 杜会丽．债务违约风险与企业绩效研究［J］．商业观察，2023，9（35）：61-65．

[23] 杜善重，马连福．数字化转型速度如何影响企业债务融资——基于“降成本”与“去杠杆”视角的研究［J］．审计与经济研究，2024，39（2）：52-62．

[24] 段梦，娄峰．货币政策对收入分配影响模拟研究——基于金融CGE模型［J］．价格理论与实践，2022（9）：35-41；116．

[25] 方红星，施继坤，张广宝．产权性质、信息质量与公司债定价——来自中国资本市场的经验证据［J］．金融研究，2013（4）：170-182．

[26] 冯丽艳，肖翔，赵天骄．企业社会责任与债务违约风险——基于ISO26000社会责任指南的原则和实践的分析［J］．财经理论与实践，2016，37（4）：56-64．

[27] 高颖超，赵治纲．国有企业债券集中违约风险与对策研究［J］．财政科学，2021（3）：83-93．

[28] 顾夏铭，陈勇民，潘士远．经济政策不确定性与创新——基于我国上市公司的实证分析［J］．经济研究，2018，53（2）：109-123．

[29] 郭琪，郑蕾，代斌．信用债违约：潜在水平与时空分布［J］．金融发展研究，2019（8）：26-33．

[30] 韩鹏飞，胡奕明．政府隐性担保一定能降低债券的融资成本吗？——关于国有企业和地方融资平台债券的实证研究［J］．

金融研究，2015（3）：116-130.
[31] 胡书雅，毕鹏. 分析师关注与债券违约风险［J］. 财会通讯，2019（24）：125-128.
[32] 黄海杰，陈运佳. 经济政策不确定性对债券违约的影响［J］. 中南财经政法大学学报，2022（1）：38-49.
[33] 黄俊，陈信元，张天舒. 公司经营绩效传染效应的研究［J］. 管理世界，2013（3）：111-118.
[34] 黄苒，范群，郭峰. 中小企业违约风险系统性和异质性测度——基于违约风险成分分析法的研究［J］. 中国管理科学，2018，26（3）：13-21.
[35] 黄苒，宋昱，胡丽琴. 基于供应链收益结构分析的供应商依赖与违约风险研究［J］. 管理工程学报，2021，35（6）：183-193.
[36] 黄贤环，姚荣荣. 贷款利率市场化与企业金融资产投资：抑制还是促进［J］. 南京审计大学学报，2021，18（2）：91-101.
[37] 黄小琳，朱松，陈关亭. 债券违约对涉事信用评级机构的影响——基于中国信用债市场违约事件的分析［J］. 金融研究，2017（3）：130-144.
[38] 黄亚光. 银企共同持股对我国公司信贷的影响［D］. 成都：西南财经大学，2023.
[39] 黄远标，沈亦凡. 金融改革政策缓解企业融资约束了吗？——基于金融综合改革试验区设立的准自然实验［J］. 南方金融，2022（8）：3-18.
[40] 黄志忠，谢军. 宏观货币政策、区域金融发展和企业融资约束——货币政策传导机制的微观证据［J］. 会计研究，2013（1）：63-69；96.
[41] 纪洋，谭语嫣，黄益平. 金融双轨制与利率市场化［J］. 经济研究，2016，51（6）：45-57.
[42] 纪洋，王旭，谭语嫣，等. 经济政策不确定性、政府隐性担保

与企业杠杆率分化［J］. 经济学（季刊），2018，17（2）：449-470.

［43］ 贾秀彦，杜运潮，徐凤菊. 社会信用体系建设与公司债发行定价［J］. 财会月刊，2024，45（10）：115-122.

［44］ 贾雅茹，吕静，郭沛. 银行数字化转型、业务结构与经营稳定性［J］. 金融理论与实践，2024（3）：51-62.

［45］ 江曙霞，刘忠璐. 存贷款市场竞争对银行风险承担的影响有差异吗？——基于中国利率市场化改革的讨论［J］. 经济管理，2016，38（6）：1-15.

［46］ 姜付秀，张敏，陆正飞，等. 管理者过度自信、企业扩张与财务困境［J］. 经济研究，2009，44（1）：131-143.

［47］ 蒋敏，周炜，史济川，等. 基于fsQCA的上市企业债券违约影响因素研究［J］. 管理学报，2021，18（7）：1076-1085.

［48］ 焦健，张雪莹. 债券违约对流动性影响的传染效应研究［J］. 证券市场导报，2021（1）：44-55.

［49］ 金龙，丁志国，丁垣竹. 地缘网络中债务违约会加剧企业投资不足吗？［J］. 中央财经大学学报，2022（4）：50-62；118.

［50］ 金龙，丁志国，刘欣苗. 债务违约事件对企业投资结构偏向的影响［J］. 财经论丛，2021（4）：72-82.

［51］ 靳光辉，刘志远，花贵如. 政策不确定性与企业投资——基于战略性新兴产业的实证研究［J］. 管理评论，2016，28（9）：3-16.

［52］ 靳小翠. 政府担保对民营企业债券融资的影响研究［J］. 会计之友，2019（14）：108-112.

［53］ 赖黎，唐芸茜，夏晓兰，等. 董事高管责任保险降低了企业风险吗？——基于短贷长投和信贷获取的视角［J］. 管理世界，2019，35（10）：160-171.

［54］ 蓝发钦，燕群，谢东辉. 中国信用债违约风险的重新测度：基于行业敏感性的独特视角［J］. 华东师范大学学报（哲学社会

科学版)，2020，52（1）：179-186；200.
［55］ 李波，朱太辉．银行价格竞争、融资约束与企业研发投资——基于“中介效应”模型的实证研究［J］．金融研究，2020（7）：134-152.
［56］ 李成，于海东，李一帆．货币政策不确定性对宏观经济影响的实证［J］．统计与决策，2021，18（29）：128-132.
［57］ 李凤羽，杨墨竹．经济政策不确定性会抑制企业投资吗？——基于中国经济政策不确定指数的实证研究［J］．金融研究，2015（4）：115-129.
［58］ 李建军，韩珣．非金融企业影子银行化与经营风险［J］．经济研究，2019，54（8）：21-35.
［59］ 李腊生，陈洋洋，李军帅．国有企业政府隐性担保对社会资源非对称影响效应研究［J］．现代财经（天津财经大学学报），2020，40（4）：3-15.
［60］ 李诗瑶，李星汉，管超．债权人监督与上市公司盈余管理——基于债务违约风险视角［J］．当代财经，2020（2）：138-148.
［61］ 李世辉，卿水娟，贺勇．影子银行发展规模对审计费用的影响——基于公司债务违约风险的中介效应检验［J］．现代财经（天津财经大学学报），2021，41（10）：3-23.
［62］ 李文群．中国企业债券研究［D］．北京：中共中央党校，2005.
［63］ 李心雅．信贷政策、银企关联与企业资本结构［J］．技术经济，2019，38（12）：24-30.
［64］ 李阳蓝．无刚性兑付情况下企业债券违约防范——以东北特钢债券违约为例［J］．财会通讯，2017（14）：82-85.
［65］ 李增福，陈俊杰，连玉君，等．经济政策不确定性与企业短债长用［J］．管理世界，2022，38（1）：77-89；143；90-101.

[66] 林钧跃，方向军．城市信用体系完善程度和运行效果的指数评测方法——中国城市商业信用环境指数（CEI）及其应用［J］．征信，2013，31（4）：5-12．

[67] 林钧跃．中国城市商业信用环境指数研制与分析［J］．财贸经济，2012（2）：89-97．

[68] 刘玲，陈乐一，彭晓莲，等．美国经济政策不确定性对中国宏观经济的非对称冲击效应［J］．中国软科学，2021（5）：49-58．

[69] 刘承伟，钟月珊．会计信息质量对债务融资成本影响的实证研究［J］．中国市场，2024（12）：135-142．

[70] 刘浩，唐松，楼俊．独立董事：监督还是咨询？——银行背景独立董事对企业信贷融资影响研究［J］．管理世界，2012（1）：141-156；169．

[71] 刘澜飚，范世成，邸超伦．我国地方政府债券定价机制研究——基于城投债信用利差的分析［J］．广东社会科学，2020（1）：18-29．

[72] 刘松林，王晓娟，王辉．经济政策不确定性对宏观经济影响的实证分析［J］．统计与决策，2020（6）：115-117．

[73] 刘文军．审计师的地理位置是否影响审计质量？［J］．审计研究，2014（1）：79-87．

[74] 刘晓光，刘元春．杠杆率、短债长用与企业表现［J］．经济研究，2019（7）：127-141．

[75] 刘颖．如何看待地方国企债券违约［J］．中国金融，2021（4）：54-56．

[76] 刘正军，张小虎．企业财务柔性与审计收费［J/OL］．兰州财经大学学报，2023：https：//link. cnki. net/urlid/62.1213.F.20240319.1458.026．

[77] 刘志洋．网络结构下的中国银行间债务违约传染风险分析——同业负债关联与金融市场的双维数据视角［J］．当代经济科

学，2020，42（3）：69-79.
[78] 卢太平，张东旭. 融资需求、融资约束与盈余管理［J］. 会计研究，2014（1）：35-41.
[79] 卢垚，项后军. 利率市场化：影响企业创新的双刃剑——银行信贷决策视角的理论机制与经验证据［J］. 西部论坛，2021，31（1）：84-100.
[80] 陆蓉，王策，邓鸣茂. 我国上市公司资本结构“同群效应”研究［J］. 经济管理，2017（1）：181-194.
[81] 陆瑶，张叶青，贾睿，等. “辛迪加”风险投资与企业创新［J］. 金融研究，2017（6）：159-175.
[82] 陆宇建，马蕊. 公司债券违约的行业效应研究［J］. 上海金融，2022（1）：44-54.
[83] 罗朝阳，李雪松. 金融周期、全要素生产率与债券违约［J］. 经济管理，2020，42（2）：5-22.
[84] 吕怀立，杨聪慧. 承销商与审计师合谋对债券发行定价的影响——基于个人层面的经验数据［J］. 审计研究，2019（3）：111-119.
[85] 吕晓军，陈松，王红建. 信贷数量管制与利率市场化的挤出效应——基于2013年贷款利率下限放开的准自然实验［J］. 系统管理学报，2021，30（6）：1120-1131.
[86] 马红，侯贵生，王元月. 短贷长投对企业创新可持续性支持的实证研究［J］. 科技进步与对策，2018（11）：109-116.
[87] 马铁群. 经济不确定性与我国宏观经济波动——基于实际经济周期模型的分析［J］. 中南财经政法大学学报，2016（4）：11-20.
[88] 马勇，章洪铭. 地方融资平台债务风险传导机制与政策应对［J］. 中国工业经济，2023（8）：42-60.
[89] 毛丽娟，陶蕾. 终极控制人、事务所变更与审计质量——来自中国上市公司的经验证据［J］. 审计与经济研究，2014，

29（3）：50-59.
[90] 毛新述，周小伟．政治关联与公开债务融资［J］．会计研究，2015（6）：26-33；96.
[91] 闵晓平，罗华兴．基于水平和风险双重效应的公司债券流动性溢价研究［J］．证券市场导报，2016（6）：27-32；47.
[92] 聂新伟．政府“隐形之手”、债务展期与债务违约——信用债违约形成机理的一个逻辑分析［J］．财经智库，2016，1（6）：121-139；144.
[93] 宁博，潘越，陈秋平，等．信用风险传染与企业盈余管理：基于信用债违约的视角［J］．会计研究，2020（3）：66-77.
[94] 潘红波，余明桂．支持之手、掠夺之手与异地并购［J］．经济研究，2011（9）：108-120.
[95] 潘泽清．企业债务违约风险 Logistic 回归预警模型［J］．上海经济研究，2018（8）：73-83.
[96] 庞道振．论拟上市企业财务内部控制建设——以 TH 公司为例［J］．财会学习，2024（12）：146-148.
[97] 彭叠峰，程晓园．刚性兑付被打破是否影响公司债的发行定价？——基于“11超日债”违约事件的实证研究［J］．管理评论，2018，30（12）：3-12.
[98] 彭俞超，何山．资管新规、影子银行与经济高质量发展［J］．世界经济，2020（1）：47-69.
[99] 钱忠华．公司治理与企业财务困境——基于股权结构角度的实证分析［J］．经济与管理研究，2009（5）：80-86.
[100] 秦璇，方军雄．债务违约曝光前后企业盈余管理行为研究———基于债务风险管理视角的实证检验［J］．中国经济问题，2019（6）：119-134.
[101] 曲丽娜，刘钧霆．经济政策不确定性、政府补贴与企业创新［J］．统计与决策，2022（6）：169-173.
[102] 邵翠丽．基于KMV模型的一种信用风险评估方法及其应用——

以万科A为例［J］. 会计之友，2018（19）：34-39.

［103］ 沈红波，华凌昊，郎宁. 地方国有企业的投融资期限错配：成因与治理［J］. 财贸经济，2019，40（1）：70-82.

［104］ 生柳荣，陈海华，胡施聪，等. 企业债券信用风险预警模型及其运用［J］. 投资研究，2019，38（6）：25-35.

［105］ 宋健. 基于AHP和因子分析的地区信用环境指标体系构建的实证研究［J］. 中国软科学，2006（6）：111-119.

［106］ 孙立行，吴雄剑，唐逸舟. 货币政策、杠杆水平与债券违约［J］. 苏州大学学报（哲学社会科学版），2021，42（6）：115-126.

［107］ 孙晓琳，田也壮，王文彬. 基于Kalman滤波的企业财务危机动态预警模型［J］. 系统管理学报，2010，19（4）：408-414；427.

［108］ 孙昭愚，霍晓艳，杨开元. 关键审计事项与上市公司业绩波动［J］. 重庆文理学院学报（社会科学版），2021，40（6）：56-73.

［109］ 谭春枝，闫宇聪. 企业债务违约风险影响股票流动性吗？［J］. 暨南学报（哲学社会科学版），2020，42（9）：84-102.

［110］ 谭燕芝，王超，李国锋. 信用环境的经济绩效及其影响因素——基于CEI指数及中国省级、地级市的数据［J］. 经济经纬，2014，31（4）：144-149.

［111］ 汤志飞. 公司债务违约风险与审计费用——基于关键审计事项披露视角［J］. 绥化学院学报，2023，43（9）：13-17.

［112］ 田光宁，杨璐. 国有企业混合所有制改革的治理效应研究：基于企业债务违约风险的视角［J］. 金融评论，2023，15（5）：56-76；125-126.

［113］ 田国强，李双建. 经济政策不确定性与银行流动性创造：来自中国的经验证据［J］. 经济研究，2020，55（11）：19-35.

［114］ 万良勇，廖明情，胡璟. 产融结合与企业融资约束——基于上市公司参股银行的实证研究［J］. 南开管理评论，2015，

18 (2): 64-72; 91.

[115] 汪金祥，吴世农，刘燕娟，等. 贷款利率市场化对企业财务脆弱性的影响研究 [J]. 金融监管研究，2021 (10): 97-114.

[116] 汪莉，陈诗一. 政府隐性担保、债务违约与利率决定 [J]. 金融研究，2015，423 (9): 66-81.

[117] 王博森，吕元稹，叶永新. 政府隐性担保风险定价：基于我国债券交易市场的探讨 [J]. 经济研究，2016，51 (10): 155-167.

[118] 王博森，施丹. 市场特征下会计信息对债券定价的作用研究 [J]. 会计研究，2014 (4): 19-26; 95.

[119] 王朝阳，张雪兰，包慧娜. 经济政策不确定性与企业资本结构动态调整及稳杠杆 [J]. 中国工业经济，2018 (12): 134-151.

[120] 王东静，张祥建，张景青. 公司债务期限结构与违约风险 [J]. 管理科学学报，2009，12 (2): 77-87; 141.

[121] 王锋，葛星. 低碳转型冲击就业吗——来自低碳城市试点的经验证据 [J]. 中国工业经济，2022 (5): 81-99.

[122] 王红建，李青原，邢斐. 经济政策不确定性、现金持有水平及其市场价值 [J]. 金融研究，2014 (9): 53-68.

[123] 王红建，杨筝，阮刚铭，等. 放松利率管制、过度负债与债务期限结构 [J]. 金融研究，2018 (2): 100-117.

[124] 王佳，杨艾琳，王旭. 基于修正KMV-Copula模型的组合信用风险度量研究 [J]. 会计之友，2019 (7): 53-58.

[125] 王娟，苏红玉. 债务违约风险、关键审计事项与审计收费 [J]. 会计之友，2022 (3): 106-113.

[126] 王立夫，王一鸣. 债券违约冲击对不同债券市场信用利差的异质性影响 [J]. 上海金融，2021 (12): 69-80.

[127] 王梦迪，冷奥琳，郭菊娥. 审计质量对企业担保掏空行为抑制效应研究 [J]. 管理评论，2022，34 (5): 235-251.

[128] 王宁远，刘一楠．利率市场化、银行竞争与货币政策传导——基于住房抵押贷款视角的研究 [J]．投资研究，2021，40（5）：4-16．
[129] 王庆华．债市违约的影响及研判 [J]．中国金融，2018（13）：69-71．
[130] 王秋石，万睿，范文诚，等．地方融资平台整合重组、隐性担保预期与违约风险 [J]．当代财经，2024（2）：57-70．
[131] 王茹婷，彭方平，李维，等．打破刚性兑付能降低企业融资成本吗？[J]．管理世界，2022，38（4）：42-64．
[132] 王守海，刘烨炜，张瀛之．债务违约风险对企业创新效率的影响 [J]．南京财经大学学报，2023（3）：44-54．
[133] 王伟同，辛格，周佳音．债务违约、属地信用与风险外溢 [J]．世界经济，2022，45（12）：201-224．
[134] 王文彦，张红梅，张目．数据资产信息披露对制造企业债务融资成本的影响研究——基于年报“管理层讨论与分析”文本 [J]．金融理论与实践，2024（2）：38-50．
[135] 王雄元，张春强．声誉机制、信用评级与中期票据融资成本 [J]．金融研究，2013（8）：150-164．
[136] 王叙果，沈红波，钟霖佳．政府隐性担保、债券违约与国企信用债利差 [J]．财贸经济，2019，40（12）：65-78．
[137] 王彦超，王语嫣．债权人诉讼是如何影响企业现金持有行为的？[J]．会计研究，2018（7）：35-42．
[138] 王咏梅，王鹏．“四大”与“非四大”审计质量市场认同度的差异性研究 [J]．审计研究，2006（5）：49-56．
[139] 王泽霞，甘道武，郝玉贵，等．新环境下注册会计师行业发展与审计变革——中国会计学会审计专业委员会2010年学术年会综述 [J]．会计研究，2010（6）：91-94．
[140] 韦茜，李立平，董哲．基于KMV模型的公司债券信用风险研究 [J]．财会通讯，2016（35）：89-92；129．

[141] 魏明海，赖婧，张皓．隐性担保、金融中介治理与公司债券市场信息效率 [J]．南开管理评论，2017，20 (1)：30-42．
[142] 温忠麟，叶宝娟．中介效应分析：方法和模型发展 [J]．心理科学进展，2014，22 (5)：731-745．
[143] 文雯，冯晓晴，宋衍蘅，公司债务违约与审计师风险应对 [J]．会计与经济研究，2020，34 (4)：3-23．
[144] 吴昊旻，吴春贤，杨兴全．惩戒风险、事务所规模与审计质量——来自中国审计市场的经验证据 [J]．审计研究，2015 (1)：75-83．
[145] 吴建华，张颖，王新军．信息披露扭曲下企业债券违约风险量化研究 [J]．数理统计与管理，2017 (1)：175-190．
[146] 吴静桦，王靖茹，刘建秋，等．贷款利率市场化改革与企业全要素生产率——来自贷款利率上下限放开的微观证据 [J]．会计研究，2021 (4)：145-156．
[147] 吴木洋，刘玉洁．银企关系对企业债务再融资风险的影响研究——基于市场化程度的调节作用 [J]．财会通讯，2022 (18)：86-90．
[148] 吴秋生，鲍瑞雪．加强失信人监管与缓解民营企业过度负债 [J]．审计与经济研究，2019，34 (3)：69-79.
[149] 吴秋生，独正元．混合所有制改革程度、政府隐性担保与国企过度负债 [J]．经济管理，2019，41 (8)：162-177．
[150] 武晨，王可第．利率市场化与上市公司创新产出 [J]．经济经纬，2022，39 (2)：131-140．
[151] 熊凯军．经济政策不确定性、企业异质性与技术创新——基于我国上市制造业企业经验分析 [J]．软科学，2021，35 (6)：15-22．
[152] 徐光伟，孙铮，刘星．经济政策不确定性对企业投资结构偏向的影响：基于中国 EPU 指数的经验证据 [J]．管理评论，2020，32 (1)：246-261．

[153] 徐琨，孟华泽，杨小舟．企业债券违约的影响因素及形成机制——基于扎根理论［J］．财会月刊，2022（2）：114-122．

[154] 许浩然，荆新．社会关系网络与公司债务违约——基于中国A股上市公司的经验证据［J］．财贸经济，2016（9）：36-52．

[155] 许志伟，王文甫．经济政策不确定性对宏观经济的影——基于实证与理论的动态分析［J］．经济学，2018，18（1）：23-50．

[156] 闫华红，陈亚．经济政策不确定性对房地产行业资本成本的影响［J］．财会月刊，2019（3）：134-141．

[157] 杨道广，潘红波，陈汉文．政治关系、会计信息与银行信贷资本配置效——来自中国民营上市公司的经验证据［J］．投资研究，2014（7）：26-40．

[158] 杨洁，张茗，刘运材．碳信息披露如何影响债务融资成本——基于债务违约风险的中介效应研究［J］．北京理工大学学报（社会科学版），2020，22（4）：28-38．

[159] 杨希雅，石宝峰．债券违约是否存在区域传染——基于中国债券市场融资成本视角［J］．运筹与管理，2022，31（11）：186-193．

[160] 杨玉龙，王曼前，许宇鹏．去杠杆、银企关系与企业债务结构［J］．财经研究，2020，46（9）：138-152．

[161] 姚红宇，施展．公司个体特征、地方经济变量与信用债违约预测——基于离散时间风险模型［J］．投资研究，2018，37（6）：114-132．

[162] 姚小义，钟心岑，杨凯．中国信用环境评价——基于2006—2010年的省际数据［J］．财经理论与实践，2013，34（3）：12-18．

[163] 叶陈刚，武剑锋，谈兆迪．公司治理结构、审计费用与审计质量——基于中国上市公司的经验数据分析［J］．当代经济管理，2015，37（5）：18-25．

[164] 叶陈毅，陈依萍，管晓，等. 京津冀区域企业信用环境评价及优化路径研究 [J]. 财会通讯，2021 (16)：92-96.

[165] 余宏泽. 企业筹资方式的比较与选择 [J]. 中国管理信息化，2024，27 (6)：54-56.

[166] 张成思，刘贯春. 中国实业部门投融资决策机制研究：基于经济政策不确定性和融资约束异质性视角 [J]. 经济研究，2018，53 (12)：51-67.

[167] 张春强，鲍群，盛明泉. 公司债券违约的信用风险传染效应研究——来自同行业公司发债定价的经验证据 [J]. 经济管理，2019，41 (1)：174-190.

[168] 张光利，钱先航，许进. 经济政策不确定性能够影响企业现金持有行为吗 [J]. 管理评论，2017，29 (9)：15-27.

[169] 张强，隋学深. 债券市场违约风险分析及应对策略 [J]. 西南金融，2019 (11)：42-50.

[170] 张上冉，朱玉杰，罗玫. 注册制的效用——基于承销商声誉与债券违约 [J]. 经济学报，2023，10 (4)：65-90.

[171] 张旺峰. 事务所规模、审计任期与审计质量 [J]. 财会月刊，2018 (2)：135-142.

[172] 张玮倩，方军雄. 债务违约会抑制公司创新投资吗？[J]. 产业经济研究，2017 (5)：1-11.

[173] 张晓燕，张文杰. 地方政府隐性债务风险传染及治理机制——基于国有企业的视角 [J]. 财经科学，2023 (4)：34-49.

[174] 张馨月，郝涛. 投融资期限错配与企业债券违约风险 [J]. 财经问题研究，2022 (2)：63-71.

[175] 张馨月. 管理者能力与债券违约风险 [J]. 经济与管理评论，2021，37 (4)：113-124.

[176] 张兴亮，尹启华. 高管饥荒经历与企业债务违约 [J]. 贵州财经大学学报，2022 (3)：69-79.

[177] 张雪莹，焦健. 信息不对称与债券担保———基于中国债券市

场的检验［J］．南方经济，2017（4）：53-70．

［178］张雪莹，刘茵伟．经济政策不确定性、流动性与债券信用利差——基于中国债券市场数据的研究［J］．债券，2022（5）：61-67．

［179］张一林，郁芸君，蒲明．担保圈危机、债务挤兑与区域风险治理［J］．世界经济，2022，45（9）：83-105．

［180］张玉喜．金融风险管理理论和方法的演变及其借鉴意义［J］．管理评论，2004（6）：16-21；63．

［181］章卫东，雷松．中介监督与定向增发新股公司投资效率关系的实证研究——来自沪深上市公司的经验证据［J］．江西社会科学，2020，40（5）：53-62；255．

［182］赵丹，徐承龙．隐性担保下债券定价的结构化模型及实证分析［J］．同济大学学报（自然科学版），2020，48（10）：1506-1514．

［183］赵浩，鲁亚军，胡赛．基于改进型KMV模型的中国上市公司信用风险度量研究［J］．征信，2018，36（7）：6-12．

［184］赵艳秉，李青原．企业财务重述在集团内部传染效应的实证研究［J］．审计与经济研究，2016，31（5）：72-80．

［185］赵艳秉，张龙平．审计质量度量方法的比较与选择——基于我国A股市场的实证检验［J］．经济管理，2017，39（5）：146-157．

［186］赵洋，陈超．金融中介职能、会计质量与债券违约风险——海龙短期融资券案例分析［J］．技术经济，2016，35（2）：115-122．

［187］赵玉珍，尚艳峰，赵俊梅．大股东股权质押、风险承担水平与债券违约风险［J］．南京审计大学学报，2022，19（1）：80-88．

［188］郑步高，王鹏．我国债券市场违约成因、影响及对策研究［J］．新金融，2021（1）：44-47．

[189] 郑曼妮，黎文靖，柳建华. 利率市场化与过度负债企业降杠杆：资本结构动态调整视角 [J]. 世界经济，2018，41 (8)：149-170.

[190] 郑世林，韩高峰，石光. 房地产限购对公司违约风险的影响 [J]. 世界经济，2016，39 (10)：150-173.

[191] 钟辉勇，钟宁桦，朱小能. 城投债的担保可信吗？——来自债券评级和发行定价的证据 [J]. 金融研究，2016 (4)：66-82.

[192] 钟娟，陈昕，魏彦杰. 数字化转型、资金渠道差异与企业减持行为 [J]. 现代财经（天津财经大学学报），2024，44 (2)：84-98.

[193] 钟宁桦，陈姗姗，马惠娴，等. 地方融资平台债务风险的演化——基于对"隐性担保"预期的测度 [J]. 中国工业经济，2021 (4)：5-23.

[194] 周方召，金远培，贺志芳. 企业社会责任对公司绩效和风险的影响效应——来自中国A股上市公司的证据 [J]. 技术经济，2020，39 (8)：119-129.

[195] 周健君，胡有林. 地方国有企业高质量发展评价指标体系研究 [J]. 湖南社会科学，2021 (6)：58-63.

[196] 周雯，呼延玉瑾，朱清艳，等. 以违约率为核心的评级质量验证机制研究 [J]. 征信，2022，40 (2)：51-58.

[197] 周先平，皮永娟，向古月. 贷款利率浮动的决定因素及其对企业融资约束的影响 [J]. 国际金融研究，2021 (11)：23-32.

[198] 朱逸才，曲吉林. 会计信息公开披露对会计信息质量的影响研究 [J]. 国际商务财会，2024 (5)：11-20.

[199] 朱月月，张福浩，刘晓东，等. 我国信用环境的区域差异及影响因素研究 [J]. 测绘科学，2021，46 (12)：195-203；218.

[200] 祝继高，韩非池，陆正飞. 产业政策、银行关联与企业债务

融资——基于A股上市公司的实证研究［J］．金融研究，2015（3）：176-191．

［201］祝小全，陈卓，施展，等．违约风险传染的避险效应与溢出效应：隐性担保预期的视角［J］．经济研究，2022，57（11）：174-190．

［202］邹瑾，徐梓涵，崔传涛．地方官员变更与债券市场风险［J］．经济经纬，2022，39（3）：128-137．

［203］ABINZANO I，GARCÉS-GALDEANO L，MARTINEZ B. Female CEOs and default risk in listed family firms［J］. Gender in Management，2023，38（8）：1135-1152.

［204］ACEMOGLU D，OZDAGLAR A，TAHBAZ-SALEHI A. Systemic risk and stability in financial networks［J］. The American Economic Review，2015，105（2）：564-608.

［205］ACHARYA V V，BHARATH S T，SRINIVASAN A. Does industry-wide distress affect defaulted firms? Evidence from creditor recoveries［J］. Journal of Financial Economics，2007，85（3）：787-821.

［206］AKERLOF G A. The market for "lemons"：Quality uncertainty and the market mechanism［J］. The Quarterly Journal of Economics，1970，84（3）：488-500.

［207］ALESINA A，PEROTTI R，SPOLAORE E. Together or separately? Issues on the costs and benefits of political and fiscal unions［J］. European Economic Review，1995，39：751-758.

［208］ALLEGRET J-P，RAYMOND H，RHARRABTI H. The impact of the European sovereign debt crisis on banks stocks. Some evidence of shift contagion in Europe［J］. Journal of Banking and Finance，2017，74：24-37.

［209］ALLEN F，CARLETTI E，GOLDSTEIN I，et al. Government

guarantees and financial stability [J] . Journal of Economic Theory, 2018, 177 (C): 518–557.

[210] ALLEN F, GALE D. Financial contagion [J] . Journal of Political Economy, 2000, 108 (1): 1–33.

[211] ALTMAN E I. Financial ratios, discriminate analysis and the prediction of corporate bankruptcy [J] . The Journal of Finance, 1968, 23 (4): 589–609.

[212] ARDAGNA S. Fiscal stabilizations: When do they work and why [J] . European Economic Review, 2004, 48 (5): 1047–1074.

[213] ARROW K J, DEBREU, G. Existence of an equilibrium for a competitive economy [J] . Econometrica, 1954, 22 (3): 265–290.

[214] ZHAO L. Market-based estimates of implicit government guarantees in European financial institutions [J] . European Financial Management: The Journal of the European Financial Management Association, 2018, 24 (1): 79–112.

[215] AUGUSTINE O E, CHIJIOKE M, SADIQ O A, et al. Internal control system and quality audit work [J] . Research Journal of Finance and Accounting, 2013, 4 (13): 100–105.

[216] AZIZPOUR S, GIESECKE K, SCHWENKLER G. Exploring the sources of default clustering [J] . Journal of Financial Economics, 2018, 129 (1): 154–183.

[217] BAGHDADI G A, NGUYEN L H G, PODOLSKI E J. Board co-option and default risk [J] . Journal of Corporate Finance, 2020, 64: 101703.

[218] BAI X, CHANG J. Corporate social responsibility and firm

performance: The mediating role of marketing competence and the moderating role of market environment [J]. Asia Pacific Journal of Management, 2015, 32 (2): 505-530.

[219] BAKER S R, BLOOM N, DAVIS S J. Measuring economic policy uncertainty [J]. Quarterly Journal of Economics, 2016, 131 (4): 1593-1636.

[220] BALSAM S, GU Y, MAO C X. Creditor influence and CEO compensation: Evidence from debt covenant violations [J]. The Accounting Review, 2018, 93 (5): 23-50.

[221] BEAVER W. Financial ratios as predictors of failure [J]. Supplement to Journal of Accounting Research, 1966, 4 (3): 71-111.

[222] BECK T, LEVINE R, LEVKOV A. Big bad banks? The winners and losers from bank deregulation in the United States [J]. Journal of Finance, 2010, 65 (5): 1637-1667.

[223] BERNET P M, GETZEN T E. Can a violation of investor trust lead to financial contagion in the market for tax-exempt hospital bonds? [J]. International Journal of Health Care Finance and Economics, 2008, 8 (1): 27-51.

[224] BERNHEIM B D, WHINSTON M D. Common agency [J]. Econometrica, 1986, 54 (4): 923-942.

[225] BHARATH S T, SHUMWAY T. Forecasting default with the Merton distance to default model [J]. The Review of Financial Studies, 2008, 21 (3): 1339-1369.

[226] BLACK F, SCHOLES M.The pricing of options and corporate liabilities [J]. Journal of Political Economy, 1973, 81 (3): 637-654.

[227] BOLTON B, LIAN Q, RUPLEY K, et al. Industry contagion

effects of internal control material weakness disclosures [J]. Advances in Accounting，2016，34：27-40.

[228] BROGAARD J，LI D，XIA Y. Stock liquidity and default risk [J]. Journal of Financial Economics，2017，124 (3)：486-502.

[229] BRUNE C，LIU P. The contagion effect of default risk insurer downgrades：The impact on insured municipal bonds [J]. Journal of Economics and Business，2011，63 (5)：492-502.

[230] CHAVA S，ROBERTS M R. How does financing impact investment? The role of debt covenants [J]. The Journal of Finance，2008，63 (5)：2085-2121.

[231] CHEN C，ZHAO Y，ZHAO Y. Corporate bond ratings，underwriters' reputation and cost of bonds [J]. Asia-Pacific Journal of Accounting and Economics，2019，26 (1-2)：1-16.

[232] CHENG B，IOANNOU I，SERAFEIM G. Corporate social responsibility and access to finance [J]. Strategic Management Journal，2014，35 (1)：1-23.

[233] CHIANG S M，CHUNG H，HUANG C M. A note on board characteristics，ownership structure and default risk in Taiwan [J]. Accounting & Finance，2015，55 (1)：57-74.

[234] CLINCH G，STOKES D，ZHU T. Audit quality and information asymmetry between traders [J]. Accounting & Finance，2012，52 (3)：743-765.

[235] COASE R H. The nature of the firm [J]. Economica，1937，4 (16)：386-405.

[236] CONG L W，GAO H，PONTICELLI J，et al. Credit allocation under economic stimulus：Evidence from China [J]. The

Review of Financial Studies，2019，32（9）：3412–3460.

［237］ CORDELLA T，DELL' ARICCIA G，MARQUEZ R. Government guarantees，transparency，and bank risk taking ［J］. IMF Economic Review，2018，66（1）：116–143.

［238］ CORNAGGIA J，MAO Y，TIAN X，et al. Does banking competition affect innovation ［J］. Journal of Financial Economics，2015，115（1）：189–209.

［239］ DECHOW P M，SLOAN R G，SWEENEY A P. Detecting earnings management ［J］. Accounting Review，1995，70（2）：193–225.

［240］ DEFOND M，ZHANG J Y. A review of archival auditing research ［J］. Journal of Accounting and Economics，2014，58（2–3）：275–326.

［241］ DENNIS S A，WANG S，ZHANG Y. Debt issues around mergers & acquisitions ［J］. Research in International Business and Finance，2021，58：101446.

［242］ DEVOS E，RAHMAN S，TSANG D. Debt covenants and the speed of capital structure adjustment ［J］. Journal of Corporate Finance，2017，45：1–18.

［243］ DIAMOND D W. Financial intermediation and delegated monitoring ［J］. Review of Economic Studies，1984，51（3）：393–414.

［244］ DIAMOND D W. Monitoring and reputation：The choice between bank loans and directly placed debt ［J］. Journal of Political Economy，1991，99（4）：689–721.

［245］ DIAMOND D W. Reputation acquisition in debt markets ［J］. The Journal of Political Economy，1989，97（4）：828–862.

［246］ DINH T，KANG H，SCHULTZE W. Capitalizing research &

development: Signaling or earnings management? [J]. European Accounting Review, 2016, 25 (2): 373-401.

[247] DO T K. Corporate social responsibility and default risk: International evidence [J]. Finance Research Letters, 2022, 44: 102063.

[248] DUONG H K, NGO A D, MCGOWAN C B. Industry peer effect and the maturity structure of corporate debt [J]. Managerial Finance, 2015, 41 (7): 714-733.

[249] DYBVIG P H. Bank runs, deposit insurance, and liquidity [J]. Journal of Political Economy, 1983, 91 (3): 401-419.

[251] FALATO A, LIANG N. Do creditor rights increase employment risk? Evidence from loan covenants [J]. The Journal of Finance, 2016, 71 (6): 2545-2590.

[252] FAMA E F. Efficient capital markets: A review of theory and empirical work [J]. Journal of Finance, 1970, 25 (2): 383-417.

[253] FANG L H. Investment bank reputation and the price and quality of underwriting services [J]. The Journal of Finance, 2005, 60 (6): 2729-2761.

[254] FERNANDO C S, GATCHEV V A, SPINDT P A. Wanna dance? How firms and underwriters choose each other [J]. The Journal of Finance, 2005, 60 (5): 2437-2469.

[255] FERNANDO J M R, LI L, HOU Y G. Corporate governance and correlation in corporate defaults [J]. Corporate Governance: An International Review, 2020, 28 (3): 249-265.

[256] FISMAN R, RATURI M. Does competition encourage credit provision? Evidence from African trade credit relationships

[J]. Review of Economics and Statistics, 2004, 86 (1): 345-352.

[257] FRANK M Z, GOYAL V K. The effect of market conditions on capital structure adjustment [J]. Finance Research Letters, 2014, 11 (1): 47-55.

[258] FRANZ D R, HASSABELNABY H R, LOBO G. J. Impact of proximity to debt covenant violation on earnings management [J]. Review of Accounting Studies, 2014, 19 (1): 473-505.

[259] GAO Y, KHAN M, TAN L. Further evidence on consequences of debt covenant violations [J]. Contemporary Accounting Research, 2017, 34 (3): 1489-1521.

[260] GIESECKE K, LONGSTAFF F A, SCHAEFER S, et al. Corporate bond default risk: A 150-year perspective [J]. Journal of Financial Economics, 2011, 102 (2): 233-250.

[261] GLEASON C A, JENKINS N T, JOHNSON W B. The contagion effects of accounting restatements [J]. Accounting Review, 2008, 83 (1): 83-110.

[262] GULEN H, ION M. Policy uncertainty and corporate investment [J]. The Review of Financial Studies, 2016, 29 (3): 523-564.

[263] HADLOCK C J, PIERCE J R. New evidence on measuring financial constraints: Moving beyond the KZ index [J]. The Review of Financial Studies, 2010, 23 (5): 1909-1940.

[264] HARRIS M, RAVIV A. Capital structure and the informational role of debt [J]. The Journal of Finance, 1990, 45 (2): 321-349.

[265] HIRSHLEIFER D, THAKOR A V. Managerial conservatism, project choice, and debt [J]. The Review of Financial

Studies，1992，5（3）：437-470.

［266］ HO K C，HUANG H Y，PAN Z K，GU Y. Modern pandemic crises and default risk：Worldwide evidence［J］. Journal of International Financial Management & Accounting，2023，34（2）：211-242.

［267］ HSU P，LEE H，LIU Z，et al. Corporate innovation，default risk，and bond pricing［J］. Journal of Corporate Finance，2015，35：329-344.

［268］ HUFFMAN S P，WARD D J. The prediction of default for high yield bond issues［J］. Review of Financial Economics，1996，5（1）：75-89.

［269］ JENSEN M C. Agency costs of free cash flow，corporate finance，and takeovers［J］. The American Economic Review，1986，76（2）：323-329.

［270］ JENSEN M C，MECKLING W H. Theory of the firm：Managerial behavior，agency costs and ownership structure［J］. Journal of Financial Economics，1976，3（4）：305-360.

［271］ KAVIANI M，KRYZANOWSKI L，MALEKI H，et al. Policy uncertainty and corporate credit spreads［J］. Journal of Financial Economics，2020，138（3）：838-865.

［272］ KIYOTAKI N，MOORE J. Credit cycles［J］. Journal of Political Economy，1997，105（2）：211-248.

［273］ KORNAI J. The soft budget constraint［J］. Kyklos，1986，39（1）：3-30.

［274］ KUEHN L A，SCHMID L. Investment-based corporate bond pricing［J］. The Journal of Finance，2014，69（6）：2741-2776.

［275］ LA PORTA R，LOPEZ-DE-SILANES F，SHLEIFER A，et al.

Corporate ownership around the world [J]. Journal of Finance, 1999, 54 (2): 471-517.

[276] LAWRENCE A, MINUTTI-MEZA M, ZHANG P. Can Big 4 versus Non-Big 4 differences in audit-quality proxies be attributed to client characteristics? [J]. The Accounting Review, 2011, 86 (1): 259-286.

[277] LE N, NGO P T H. Intra-industry spillover effects: Evidence from bankruptcy filings [J]. Journal of Business Finance & Accounting, 2022, 49 (7): 1113-1144.

[278] LEARY M T, ROBERTS M R. Do peer firms affect corporate financial policy? [J]. The Journal of Finance, 2014, 69 (1): 139-178.

[279] LEITNER Y. Financial networks: Contagion, commitment, and private sector bailouts [J]. The Journal of Finance, 2005, 60 (6): 2925-2953.

[280] LI P, ZHOU R, XIONG Y. Can ESG performance affect bond default rate? Evidence from China [J]. Sustainability, 2020, 12 (7): 2954.

[281] LIAN Y, YE T, ZHANG Y, et al. How does corporate ESG performance affect bond credit spreads: Empirical evidence from China [J]. International Review of Economics & Finance, 2023, 85: 352-371.

[282] LIN J Y, TAN G. Policy burdens, accountability, and the soft budget constraint [J]. The American Economic Review, 1999, 89 (2): 426-431.

[283] LIN L-W, MILHAUPT C J. Bonded to the state: A network perspective on China's corporate debt market [J]. Journal of Financial Regulation, 2017, 3 (1): 1-39.

[284] LIU J, DENG G, YAN J, et al. Unraveling the impact of

climate policy uncertainty on corporate default risk: Evidence from China [J]. Finance Research Letters, 2023, 58: 104385.

[285] LIU T, ZHANG X, AZIZ N. The impact of green technology innovation and firm default risk: Benefit effect or risk effect? -Evidence from the panel data on Chinese manufacturing firms [J]. Environmental Science and Pollution Research, 2023, 31 (34): 46722-46738.

[286] LIU W, WU W. Underwriter reputation and the pricing of securities: Evidence from asset-backed securities [J]. International Review of Financial Analysis, 2023, 88: 102679.

[287] LIU X, ZHONG W, CHEN J. Stay home, stay safe: CEO hometown identity and default risk [J]. Finance Research Letters, 2023, 57: 104191.

[288] LU C, YANG M, XIA X. Economic policy uncertainty and default risk: Evidence from China [J]. Economic Analysis and Policy, 2023, 79: 821-836.

[289] MALCOMSON J M. Work incentives, hierarchy, and internal labor markets [J]. The Journal of Political Economy, 1984, 92 (3): 486-507.

[290] MANSI S A, MAXWELL W F, MILLER D P. Does auditor quality and tenure matter to investors? Evidence from the bond market [J]. Journal of Accounting research, 2004, 42 (4): 755-793.

[291] MARKOWITZ H M. Portfolio selection [J]. Journal of Finance, 1952, 7 (1): 77-91.

[292] MASKIN E, XU C. Soft budget constraint theories: From centralization to the market [J]. The Economics of

Transition, 2001, 9 (1): 1-27.

[293] MERTON R C. On the pricing of corporate debt: The risk structure of interest rates [J]. Journal of Finance, 1974, 29 (2): 449-470.

[294] MIN D. How government guarantees promote housing finance stability [J]. Harvard Journal on Legislation, 2013, 50: 437-490.

[295] MO G, GAO Z, ZHOU L. China's no-bailout reform: Impact on bond yields and rating standards [J]. Journal of Banking & Finance, 2021, 133: 106282.

[296] MODIGLIANI F, MILLER M H. The cost of capital, corporation finance and the theory of investment [J]. American Economic Review, 1958, 48 (3): 261-297.

[297] MYERS S C. Determinants of corporate borrowing [J]. Journal of Financial Economics, 1977, 5 (2): 147-175.

[298] NIE Z, LING X, CHEN M. The power of technology: FinTech and corporate debt default risk in China [J]. Pacific-Basin Finance Journal, 2023, 78: 101969.

[299] NIEMI L, KINNUNEN J, OJALA H. Audit quality and the cost of debt capital for private firms: Evidence from private lending contracts [J]. Journal of Business Finance & Accounting, 2018, 45 (9-10): 1301-1332.

[300] NINI G, SMITH D C, SUFI A. Creditor control rights, corporate governance, and firm value [J]. The Review of Financial Studies, 2012, 25 (6): 1713-1761.

[301] OHLSON J A. Financial ratios and the probabilistic prediction of bankruptcy [J]. Journal of Accounting Research, 1980, 18 (1): 109-131.

[302] OIKONOMOU I, BROOKS C, PAVELIN S. The effects of

corporate social performance on the cost of corporate debt and credit ratings [J]. Financial Review, 2014, 49 (1): 49-75.

[303] PANG M, ZHANG Y, ZHANG R, et al. Does the audit quality affect the financing efficiency of photovoltaic enterprises? Evidence from listed companies in China [J]. Energy Sources, Part B: Economics, Planning, and Policy, 2022, 17 (1): 2136792.

[304] POPP A, ZHANG F. The macroeconomic effects of uncertainty shocks: The role of the financial channel [J]. Journal of Economic Dynamics and Control, 2016, 69: 319-349.

[305] RICE T, STRAHAN P E. Does Credit Competition Affect Small-Firm Finance? [J]. The Journal of Finance, 2010, 65 (3): 861-889.

[306] ROBERTS M R, SUFI A. Control rights and capital structure: An empirical investigation [J]. The Journal of Finance, 2009a, 64 (4): 1657-1695.

[307] ROBERTS M R, SUFI A. Renegotiation of financial contracts: Evidence from private credit agreements [J]. Journal of Financial Economics, 2009b, 93 (2): 159-184.

[308] ROBIN A, WU Q, ZHANG H. Auditor quality and debt covenants [J]. Contemporary Accounting Research, 2017, 34 (1): 154-185.

[309] ROSEN S. Prizes and incentives in elimination tournaments [J]. The American Economic Review, 1986, 76 (4): 701-715.

[310] ROTHSCHILD M, STIGLITZ J. Equilibrium in competitive insurance markets: An essay on the economics of imperfect

information [J]. The Quarterly Journal of Economics, 1976, 90 (4): 629-649.

[311] JAVADI S, MOLLAGHOLAMALI M. Debt market illiquidity and correlated default risk [J]. Finance Research Letters, 2018, 26: 266-273.

[312] SMITH C, WARNER J B. On financial contracting: An analysis of bond covenants [J]. Journal of Financial Economics, 1979, 7 (2): 117-161.

[313] SPICELAND C P, YANG L L, ZHANG J H. Accounting quality, debt covenant design, and the cost of debt [J]. Review of Quantitative Finance and Accounting, 2016, 47 (4): 1271-1302.

[314] STIGLITZ J E, WEISS A. Credit rationing in markets with imperfect information [J]. American Economic Review, 1981, 71 (3): 393-410.

[315] STULZ R M. Financial structure, corporate finance, and economic growth [J]. International Review of Finance, 2000, 1 (1): 11-38.

[316] STULZ R. Managerial discretion and optimal financing policies [J]. Journal of Financial Economics, 1990, 26 (1): 3-27.

[317] SWITZER L N, TU Q, WANG J. Corporate governance and default risk in financial firms over the post-financial crisis period: International evidence [J]. Journal of International Financial Markets, Institutions and Money, 2018, 52: 196-210.

[318] THAKERNKIAT N, NGUYEN H T, NGUYEN N H, et al. Does fear spur default risk? [J]. International Review of Economics & Finance, 2023, 83: 879-899.

[319] TIAN Y L, PAN X F. Green finance policy, financial risk,

and audit quality: Evidence from China [J] . European Accounting Review, 2024, 33 (2): 589-615.

[320] TSAFACK G, LI Y, BELIAEVA N. Too-big-to-fail: The value of government guarantee [J] . Pacific-Basin Finance Journal, 2021, 68: 101313.

[322] WILLIAMSON O E. The Economics of organization: The transaction cost approach [J] . American Journal of Sociology, 1981, 87 (3): 548-577.

[323] YUE V Z. Sovereign default and debt renegotiation [J] . Journal of International Economics, 2010, 80 (2) : 176-187.

[324] ZHANG C, ZHU T, GAO X, et al. Bond default risk transmission through a common underwriter: Evidence from China [J] . The European Journal of Finance, 2024, 30 (12): 1345-1361.

[325] ZHANG X, WANG Z. Marketization vs. market chase: Insights from implicit government guarantees [J] . International Review of Economics & Finance, 2020, 69: 435-455.

[326] GROSSMAN S J, HART O. Corporate financial structure and managerial incentives [M] . Chicago: University of Chicago Press, 1982.

[327] FRIEDMAN M, SCHWARTZ A J. A monetary history of the United States, 1867-1960 [M] . Princeton: Princeton University Press, 1963.

[328] ASIAN DEVELOPMENT BANK. Handbook on international best practices in credit rating [R] . 2008.

[329] S&P GLOBAL RATINGS. National and Regional Scale Credit Ratings [R] . 2014.

[330] WALLACE W A. The economic role of the audit in free and regulated markets [R]. Touche Ross Foundation, 1982.

[331] LI J, CUI Y. Challenges and measures faced by commercial banks under interest rate liberalization [C]. 3rd International Conference on Innovations in Economic Management and Social Science (IEMSS 2021).

索引